CHINESE TOUR GUIDE

中国导游访谈录

鹏城记

史良洁／著

廣東旅游出版社
GUANGDONG TRAVEL & TOURISM PRESS
悦读书·悦旅行·悦享人生

广东·广州

图书在版编目（CIP）数据

中国导游访谈录 ：鹏城记 / 史良洁著．— 广州 ：广东旅游出版社，2017.5

ISBN 978-7-5570-0610-5

Ⅰ．①中… Ⅱ．①史… Ⅲ．①导游一访问记一中国一现代 Ⅳ．①K825.89

中国版本图书馆 CIP 数据核字（2017）第 080416 号

责任编辑：蔡子凤
装帧设计：马光普　王秀娟
人物摄影：曾伟星　王卫东
责任技编：刘振华
责任校对：李瑞苑

广东旅游出版社出版
（广州市越秀区环市东路 338 号银政大厦西楼 12 楼）
联系电话：020-87347316　邮编：510642
广东旅游出版社图书网
www.tourpress.cn
深圳精彩印联合印务有限公司印刷
（地址：深圳市光明新区百花社区精雅科技第一工业园 E 栋 1 楼）
787 毫米 ×1092 毫米　16 开　16 印张　110 千字
2017 年 5 月第 1 版第 1 次印刷
定价：38.00 元

序 一

刘平春

2016年底，我收到史良洁寄来的《中国导游访谈录——鹏城记》书稿，恰逢中国国家旅游局推动导游管理体制改革一整年。一年的不懈努力，全国各地的导游体制改革取得了积极进展。

我很欣喜地看到，作为深圳主流媒体的一位旅游记者，这么多年来一直在持续关注导游群体，关注导游管理体制改革。

她从中国最早的一批“导游”（那时称为向导或者接待员）的故事，追溯至20世纪50年代，折射了新中国成立以来，中国深圳一些重大的外交活动，又用时间轴的方式，挖掘中国导游进化史，串联出一部跨越半个世纪，集老中青三代导游亲历的故事。本书用口述史的方式，不仅将中国旅游社会、旅游形态、旅游事件一一展现，也完成了对不同时代的职业精神，不同时代的社会需求，不同时代的价值观的梳理。呈现的是近半个世纪来中国（深圳）的导游生态环境。虽然目前这本书还只立足于深圳，但作为中国改革开放最前沿城市，不失代表性和参考性。

访谈中的人物，不少是从最早一批执业导游成长起来的，最后成为旅游企业的管理者，掌门人，导游的经历为他们积累了不少知识和实践经验，他们更能体会到服务至上，真诚待人的真谛。

我期待，这本书的出版有助于读者对导游行业的思考，期待更多的人像作者一样继续关注中国导游群体，关注中国导游事业，关注导游管理体制改革。

2016年，中国导游体制改革工作范围之广、力度之大、程度之深前所未有。8 月，《国家旅游局关于深化导游体制改革加强导游队伍建设的意见》（简称《意见》），提出了改革的六大举措——改革准入培训注册制度、改革导游执业制度、健全导游保险保障体系、健全事中事后监管机制、健全导游协会组织、创新导游激励机制。

当前旅游业快速成长，旅游业从景点旅游向全域旅游发展。对导游的要求越来越高，导游服务难以满足消费者对个性化、专业化的旺盛需求。2017 年应该是中国导游改革的“破冰之年”。

而何谓中国好导游?

《孙子兵法》有“不用向导者，不能得地利”之语，这个向导，可以说是导游的前身。可见导游对于被引导者的重要意义。新中国成立至改革开放初期，导游是很多域外人士最先记住的中国面孔，是他们了解中国历史文化和当代文明风貌的重要媒介。时至今日，导游依然是包含着历史传承和当下社会种种痕迹的中国面孔，是海内外游客远方路上的一道风景，尽管风景有时令人愉悦有时令人伤感。

记得国家旅游局曾推出“2015 中国好导游”评选，其推选征集标准为：拥党爱国、遵纪守法、爱岗敬业、明礼诚信、文明引领、至诚服务、业务精湛、沉着机智、形象健康、广受好评。能达到这些要求，才算得上是“中国好导游”。导游管理体制改革的目的，就是要从“规矩”中造就“导游匠人”，树立“游客为本、服务至诚”旅游行业核心价值观。

当前中国导游有 80 万之多，而与旅游社存在劳动关系的只占四分之一，大多导游是自由职业者。导游体制改革目标是推动导游管理从行政化、非流动、封闭式向法治化、市场化转变。在“进出、监管、保障、奖惩”上做好文章、下功夫。因此要引导导游成为旅游市场秩序的坚定维护者，成为旅游业创新、创业的活跃领域，成为游客游得放心、舒心、开心的重要环节。

从这本书，我欣喜地看到，深圳在关注导游，激励导游，打造星级导游服务品牌方面的管理体制改革走得比较早。比如关于导游激励方面，此次改革将从加强导游人才队伍建设、完善导游等级评定制度、打造星级导游服务品牌、树立导游正面典型等方面，改革导游激励机制，增强导游职业归属感和荣誉感。

书中也关注了导游的人身安全保障的问题，国家旅游局与交通部共同推动落实联合印发的《关于规范旅游用车“导游专座”的通知》，要求从 2016 年 8 月 1 日起，新进入道路运输市场的营运客车不得在车厢内任何位置设置折叠座椅，在用营运客车的折叠座椅不得使用。确保导游安全执业，使导游体面执业。

深圳的导游服务公司已有十家，发挥着导游之家的作用，不失为一种新型的组织方式。凝聚了导游队伍，发挥导游行业组织联系政府、服务会员、促进行业自律的作用。

有人说导游有两种，一种是迎风而上，找到自己的方向翱翔蓝天；一种是随风飘荡，失去目标坠入深渊。我期待更多人关注导游，期待通过导游管理体制改革，监督导游，并维护游客的权益，进一步优化旅游大环境，也让更多的导游找到属于自己的那一片蓝天，自由飞翔，让远方的路上有更多绚丽的风景慰藉游客的心灵。

原中国旅游协会副会长、原中国旅游景区协会会长
深圳旅游协会会长、暨南大学深圳旅游学院院长、暨南大学兼职教授

序 二

符文洋

“祖国山河美不美，全靠导游一张嘴。”第一次听到这句话，是一位导游“童鞋”介绍自己职业时说的，很俏皮，俏皮中带着自豪。后来在旅游界混的时间长了，见的各款不同版本的导游多了，再细细品味这句话，还真滋巴出了些许背后的味道。

读完史良洁著写的《中国导游访谈录》，第一感觉仿佛印证了我无数次出游结束时，对导游小姐或导游先生由衷地说的那句话：“谢谢您，真的辛苦您了。”

做导游不容易，做一个称职的好导游，更不容易。

我有一个学生，毕业时，三番五次求着我介绍她去旅游社当导游。我问她为什么，以为她一定会回答“学旅游的，专业对口啦；锻炼自己，从基层做起啦”之类的豪言壮语。不料她还真老实，说：“好玩呗，可以免费去旅游呀。说不定还可以周游世界呢。”我无语，初出茅庐，不知天高地厚呀，您以为导游工作是那么“好玩”的？谁曾想，她一“玩”还真上了瘾，几年过后还在做导游。再见面时，我幸灾乐祸地问她：“当导游，好玩吗？”她笑道：“当然好玩啦，带着游客玩好，很开心的。”她长大了，悟出导游工作的境界了。

“带游客玩好”，您没有几把刷子，还真做不到。

导游首先得是一个“保姆”，游客一上路，全把自己当成了孩子，大事小事，吃喝拉撒，全都习惯于开口就问张嘴就喊。“导游，厕所在哪呀？”“导游，哪里有买水呀？”“导游，怎么还不到呀，到底还有多远呀？”“导游，我手划破啦，有创可贴吗？”这世界上最难干的工作是伺候人，况且还要伺候“一团人”，三头六臂，十八般武艺，绝对不多。您不但要鞍前马后，跑上跑下，安排妥当食住行游，您还要不厌其烦地提醒这帮“大小孩”、“小小孩”注意安全，您还得对他们提出的五花八门、稀奇古怪的各式问题乃至各种要求做到笑脸相迎、有问必答、有求必应，您敢稍有怠慢，投诉您！

导游还得是个“博士”，天文地理，人情世故，文化历史，逸闻趣事，无一不通，无所不晓，真正地纵横八百里、上下五千年的“博学之士”。您以为只要把导游词背得滚瓜烂熟就OK啦？那只是入行三板斧。看到古村村口有棵老树，不但会有人问您这是什么树，肯定还会问您这树多少年啦，为什么古村村口都会有棵树？说不定还会刨根问底这树是谁种的。有一次我带学生考察广州历史文化游，在农民运动讲习所，听导游正给游客介绍毛泽东在农讲所给农民革命骨干上课，冷不丁有个操着北方口音的游客突然发问：“广东农民听不懂老毛的湖南话啊，那咋办？”导游愣住了，我差点没晕过去。在河源和平做项目时，县委大院有棵古树，据说是王阳明栽下的。有个老板模样的游客问导游：“您说王阳明那么厉害，老外都崇拜他，他那个‘知行合一’到底是什么意思？”老实说，不是大学教授或者哲学博士，您回答得了吗？可问题的关键是，我走南闯北，见过无数导游，还真没听到过哪个导游对游客好奇的发问说“我不知道”的。

您说，做导游容易吗？！

导游更得是“演员”，天生的喜剧演员，没有把游客逗得哈哈大笑的本事，您就别指望当个好导游。幽默是导游的必备基本功，段子当然更是多多益善，要不怎么让遥远的路途变得如此的短暂而难忘呢？最好您还得会几首目的地的山歌、民歌之类的，亮上一嗓子，博个满堂彩，好听不好听根本不重要，重要的是逗大伙儿开心，更重要的是您还得真诚真实不矫情不做作。广西乐业天坑很有名，一次，北京来了位首长，自治区领导陪同去考察，当地一位小导游介绍完导游词，加了点新鲜的，指着一处题字，问："各位嘉宾，各位游客，我现在问你们一个问题，大家猜一猜，这字是谁写的？"领导们谁也不敢乱猜，米芾？王羲之？颜真卿？这说错了，多没文化呀。小导游很得意的微微一笑："猜不出来吧，我告诉大家吧。这是我们县委副书记写的。"这笑话的效果可想而知了。问题是，小导游真的不是故弄玄虚捉弄大伙，或许在她看来，县委副书记是很了不起的大官呢。这就是真实的效果，试想一下，如果一位中年导游这么做，肯定会挨骂，所以每一位导游还得懂得在基本素质基本功之外，掌握自己的独有优势。

导游最好还是一个"美食专家""养生专家""语言天才""购物参谋""娱乐行家"……总之，天下事难不到咱好导游，要不，您怎么带游客"玩好"？

"带游客玩好"，有标准，无极限。我常说，做旅游很难，人过一百，形形色色，众口难调呀；做旅游，又很简单，让游客开心快乐就行。旅游界有句行话，叫做"最后一公里"，讲的本是交通可达性，我狗尾续貂，加了半句，"最先三分钟"。如果您能在最先三分钟内让游客兴奋起来，恭喜您，此番出游，一定成功！那靠谁呀？靠导游，靠导游的一张嘴，靠导游的幽默博学，还有真诚。

旅游的全部诉求是身心愉悦，导游的工作意义是激发愉悦和帮助每一位游客实现愉悦。如果说身心愉悦包括了主观与客观两个维度，那么导游就是打通两个维度的一座桥。首先是主观层面的"心"愉悦，在最先三分钟让游客乐起来，进入旅游所必需设定的"开心情景"；然后才是客观层面的"身"愉悦，带游客游好、玩好、吃好、睡好。一路走来，还时不时给您来点酸的、甜的、辣的、新鲜刚出炉的“心灵鸡汤”。让主观与客观不断碰撞出欢乐的火花。山河美不美，首先看心情，心情好不好，导游做引导。“心中有景始有景，心中无情终无情”。好导游用一腔真诚，浑身热情让每一位游客有个好心情，游历好风景。

这是不是“带游客玩好”的标准答案，我不敢妄下结论，因为我毕竟没做过导游，纸上谈兵而已，只有风风雨雨走过万水千山的老导游，才有资格说，到底什么叫“导游”。

有一点我却是很明白的，如果只是把导游当成一份职业，一份工作，那么是很难真正成为一个好导游的，充其量只能说是一个称职的导游。只有您真正地热爱这份工作，您才能做得比“称职”更多、更好。而热爱导游工作的背后，是爱旅游，爱祖国，爱大美河山，爱您的每一位游客。您不快乐，如何让游客快乐？您不兴奋，游客又怎么兴奋？因此，读着这本书，我必须对真情坦露的书中主人公，包括元老级柯子长、杨德祺、叶六妹、肖鑫茂，以及“重量”级的李木胜、吴斌、黄文青、柯旦华、李英英，包括正当年的郭仕强、刘艳红、马杰、何涛，也包括新一代的李樱樱、王佳……我发自内心地对你们表示敬意。如果说这本书是从广东，从深圳的视角，从老中青三代导游的视角，对中国旅游业从无到有的一段历史的记载，那么你们当之无愧地是这段历史的主人。

用一句很俗的话概括我对“导游”的浅解吧：如果您恨他，就怂恿他去做导游，让他奔波劳碌一辈子；如果您爱他，就鼓励他去当导游，让他快乐自豪一辈子！

广东省旅游产业研究院规划设计中心主任

| 目 录 |

TIME

50-70 年代

那时候并没有真正的“导游”定义，“导游工作”实际是外事工作的一部分，导游实际上是外事接待工作人员，身份大多属于国家干部。他们也被称为“五员大将”：宣传员、调研员、服务员、安全员和翻译员。

深圳最早成立的华侨旅行社被称为“侨社之家”，早在 1950 年，就开始行使着旅行社的职能。

“

我们那时还不叫导游，叫接待员。1950年侨社成立，叫省侨委深圳接待组，是福建省侨办在深圳的接待组，主要负责接待归国华侨。当时成立侨社更多是出于统战的需要，因为深圳毗邻香港的特殊地理位置，我们需要接待回来建设祖国的爱国人士。华侨为中国建设做了重大贡献，我们中国也是非常感恩。所以严格来说，那时候还不算是旅行社。

”

柯子长和他的老朋友

——从侨社到“五员大将”

柯子长	1930 年出生
1932年被父亲从柬埔寨送回国由祖母抚养。1949 年参加革命、加入敌后武工队、加入中国共产党，1957 年调入深圳侨社，1990 年离休。 做导游时间：1957 年—1982 年	
杨德祺：1942 年出生。1962 年进入深圳侨社，1997 年退休。 叶六妹：1944 年出生于马来西亚。1961 年进入深圳侨社，1994 年退休。 肖鑫茂：1946 年出生，1965 年 5 月进入深圳侨社，2006 年改制后退休。	
采访地点：深圳市罗湖区和平路 1085 号富临大酒店	

2016 年，“老侨社”们在深圳市罗湖区和平路 1044 号华侨大厦前留影。

柯子长是侨社元老级人物，20 世纪 50 年代来到侨社。他见证了侨社乃至深圳 20 世纪 50—80 年代的旅游发展历程。那时，导游的称呼还未正式形成，柯老和他的朋友们以接待员自称。伴随着新中国成立到改革开放、计划经济转型到市场经济，他经历了旅游的主要交通工具从火车进化到飞机，从免费接待到市场运营，深圳乃至全国的旅游热点逐步被开发，导游职业在时代变迁中不断自我完善。

采访当天，陪同柯老来的还有杨德祺叶六妹夫妇、肖鑫茂以及几位老人和原口岸中旅副总经理、宝中旅游投资咨询有限公司总经理黄文青。当年他们刚参加工作就进入侨社，在侨社工作到退休，笑称“一辈子给了侨社”。他们共同的特点是，席间言必称侨社。几位老人不认同将过去的深圳叫做小渔村。柯老认为是深圳特区成立时，媒体宣传误导造成的。他说 1957 年，深圳是宝安县政府所在地，有 2 万多人，完全是一个边陲小镇，不是小渔村。他还提及一件趣事：20 世纪 80 年代，深圳海关没有车，侨社有两部丰田车。1992 年，邓小平南方视察，深圳市委接待就借用了侨社的车。

柯老今年 86 岁高龄，杨老 73 岁、叶老 71 岁、肖老 70 岁。柯老，才思敏捷，耳聪目明，身材硬朗，童颜鹤发。记忆力相当好，过去几十年的事情，他居然清晰地记得年月日。

在柯老的讲述中，昔日行业的格局远不止今日导游服务的定义。他们身上带着在那个开眼看世界的年代的好奇与大胆尝试，也带着特殊年代的家国情怀。

第一次接待华侨，第一次穿上导游工作服，第一次走出深圳带长途旅行团，第一次收导游费，第一次真正意义上的商业运作……在柯老对于细节的清晰还原里，我们对他的激动兴奋感同身受。

交谈勾起老人们无数美好记忆，大家你一言我一句，集体回忆往事，

柯子长于 20 世纪 80 年代作为导游时的标配

导游最早的工作是接待归国华侨

无限感慨。作为深圳第一代导游的代表人物，他们朴素而真挚的价值观、带着时代特色的回忆，对导游职业的敬重，让一切都回归到这份职业的初心所在。

史良洁：柯老，您是什么时间来到深圳的？

柯子长：我是 1957 年 5 月 27 日从广州调入深圳侨社。

史良洁：柯老，您记忆力真好！还记得准确的年月日。您是华侨，从哪个国家回国？什么时候回来的？

柯子长：我父母是柬埔寨华侨，我 1930 年出生在柬埔寨。两岁时被我父亲送回到广东揭阳交给祖母抚养。1948 年，初中毕业；1949 年 1 月，参加革命加入敌后武工队；1949 年农历五月，加入了中国共产党。

叶六妹：柯老您加入过武工队？就是电视剧里演的，那种骑着单车的敌后武工队？真厉害！

柯子长：呵呵呵（*柯老孩童般爽朗地笑起来*），是敌后武工队，但是我们不骑单车。

史良洁：敌后武工队？佩服！你们当时主要在哪些地方战斗？

柯子长：我们当时属于粤、闽、赣边区的潮（州）、揭（阳）、丰（顺）小分队。当时的敌占区武工队按照十二生肖来分编，我最初参加的是蛇部，三个月后调去龙部。一个部大概五六个人，也就是一个小组。我们的主要任务是为革命筹集资金——找钱（笑）！

史良洁：你们找谁要钱？

柯子长：当时我们主要是找地主要钱（笑）。

史良洁：那是相当困难的工作。

柯子长：是。最困难的时期是 1949 年 6、7 月。当时国民党全线崩溃，大部队向南方溃退，我们武工队根本无法抵挡。驻守的解放军部队撤走了，武工队留守。为了躲避敌人，我们曾经睡在田地里，地里全是水，不敢动，搜查的国民党军队可能就在附近。那是最困难最难忘的一段时期，直到1949年9月初揭阳解放，10月19日举行“三庆”——揭阳解放、广东解放、新中国成立。

史良洁：前面您提到从广州调入深圳，揭阳解放后您到了广州工作？

柯子长：土改后，我从揭阳调到饶平工作，1954年调入广州，在广东省华侨委员会工作。

史良洁：柯老您1957年调入深圳侨社，侨社是什么时候成立的？

柯子长：20世纪40年代，广东省华侨委员会在深圳设立了一个接待站，由黄伯平夫妻负责，就是我们常说的夫妻店，是一个中共秘密地下接头点。1950年，成立侨社，我来的时候有70多人。1953年，与福建泉州深圳接待站合并为接待站。站下设股，下设了人保股、客房股、接待股、服务股、总物股、餐厅股等7个股，每个股下又设小组。1957年，公安厅派我到侨社，调入人保股任股长。

史良洁：就是后来的口岸中旅？

柯子长：1972年，改为华侨旅行服务社；同年，改为深圳口岸中国旅行社，两个牌子一套人马。李忠、陈修文先后任总经理，我们叫站长。1980年，其中的接待股改为旅游部，我任经理。

史良洁：深圳建市后，侨社在行政上有什么变化吗？

柯子长：我们的行政级别很低。广东省华侨委员会在省里是处级，我们在深圳市只能是科级。深圳建市后，整个口岸的级别升级了，但是侨社还是科级、股级。当时深圳市召开有关行业会议，派我去参加，人家总说我们怎么派一个小小股长来。

深圳建市后，侨社要划归地方政府。1979年，侨社划归深圳市管理。

史良洁：你们当时在哪里办公？

1988 年开始首届深圳荔枝节，作为重大旅游活动一直持续到今天（右杨德祺，摄于 1990 年）

表演团队在第三届荔枝节于南山的开幕
会场合影

柯子长：在和平路三角市场。船布街有一条河，是布吉河与深圳河交界的地方，那里有一片草寮地，现在还叫三角地。当时建有深圳海关宿舍、码头。

杨德祺：那个码头是黄文青 20 世纪 80 年代谈恋爱的地方（笑）。

黄文青：是喔，当时河水清澈，还有各种小鱼（笑）。

史良洁：现在那一片叫什么地名？

柯子长：就是现在的侨社，包含了口岸中旅、华侨大厦、华侨酒店、侨社车站等那一片。20 世纪 60 年代初因印尼排华，为安置回国建设的印尼青年建了一号楼，就是现在华侨大厦及口岸中旅的办公地；而在此之前华侨服务站的办公地是现在深圳富临大酒店位置，是一座小楼，3 层半高，20 世纪 50 年代建成，人们叫它“华侨大厦”。因大厦前面几条柱子是红色的因此也叫“红楼”。楼顶是绿色琉璃瓦，一楼办公，二、三楼是招待贵宾用客房；1982 年，开始规划兴建富临大酒店，酒店名称由著名书法家刘海粟题字，这期间不断更改设计规划，直到 1992 年才建成。

黄文青：中旅是第一个引进星级酒店的。富临酒店这栋楼断断续续建了 10 年，因为一开始费用计算不精准。当时是按照计划经济配额制计算水泥钢筋用料，结果市场经济一开始，价格放开，水泥钢筋预算增加了一倍。这栋楼由法国人规划设计，天台上本来还设计有游泳池，在当时很前卫，大家担心游泳池的水会漏下来，就把这个设计给取消了。现在泳池都成了高档酒店的标配（笑）。

史良洁：“红楼”曾经接待过哪些贵宾？

柯子长：郭沫若在这里入住过；陶铸、许世友来这里吃过饭。

史良洁：20 世纪 50 年代的政治形势还比较复杂，你们当时有哪些防御性工作内容？

柯子长：我们的办公地点就在河边，是深圳与香港的边界地带，有铁丝网相隔。我们组建了民兵队，每天放哨，一共设 5 个哨所，配有机关枪，防止内地人偷渡到香港。1962 年，许多内地人冲过边界桥，到香港一方。

杨德祺：1962 年 1 月，更多人偷渡到香港，偷渡者一到香港市区，港英政府就发放身份证。直到 1980 年，港英政府不再发放身份证，抓到后遣返回国。未被及时抓住的，需要在香港居住 7 年，才能拿到香港身份证。

肖鑫茂：有人从我们旁边的小河游过去香港，最后连命都搭上了。

史良洁：当时导游的主要工作有哪些？

柯子长：我们那时还不叫导游，叫接待员。1950 年侨社成立，叫省侨委深圳接待组，是福建省侨办在深圳的接待组，主要负责接待归国华侨。当时更多是出于统战的需要，因为深圳毗邻香港，地理位置特殊，我们需要接待回来建设祖国的爱国人士。华侨为中国建设做了重大贡献。严格上来说，那时候还不算是旅行社。我们被称为“民间外交官”。

肖鑫茂：我们有安全员的职责在身，还负责检举走私。我检举过当时中国最大的假币走私案，还得到了 600 块钱的奖励。

柯子长：我还记得，那也是我第一次见到 3 块钱的绿色假币。

史良洁：你们带团的规模是怎样的？

柯子长：那时候一个团是 26 人，一个卧铺车厢是 28 个床位，剩下 2 个床位是留给安全员和接待员的。

史良洁：当时深圳还是一个小渔村。

柯子长：我不喜欢人们将深圳叫做小渔村，深圳不是小渔村！深圳是一个镇，是宝安县政府所在地。1949 年前，宝安将南头定为县政府所在地，1957 年后迁移到深圳。宝安县共有 30 万人，深圳就有 2 万多人，

20 世纪 80 年代口岸中旅旅游部精英

完全是一个边陲小镇，不是小渔村！

杨德祺：对！不是小渔村。

史良洁：但愿这次采访面世后，能够改变人们以往的提法。你们当时主要工作内容是什么？

柯子长：我们主要负责接待华人华侨。

肖鑫茂：深圳当时有两家旅行社，侨社和国旅。1960 年，中旅、国旅合并为国旅。国旅在罗湖山上。侨社负责接待华人华侨、台胞和港澳同胞，合称“四种人”，国旅只负责接待外国人。合并一年后，中旅和国旅再次分开。

杨德祺：1972 年，国旅对各种客人都可以接待。侨社还是主要接待华侨。

史良洁：接待了哪些人？

柯子长：侨社曾经接待过印度副总统。广东省政府牵头，经过深圳海关入境，在深圳住一晚，我们负责接待。与同济大学合作的科学家从美国回来，我们接待；孙中山先生的医生从美国回来，我们陪同吃饭，记得他很喜欢吃带鱼。

杨德祺：那时，中央派演出团来深圳演出。1958 年，深圳戏院建成后，许多香港人来这里看演出，他们在香港港中旅买演出门票，凭身份证和回乡证进出海关。

杨德祺：20 世纪 80 年代刘海粟来深圳，也是侨社接待的，他为华侨大厦题词“真味”两个字。后来，侨社还成立了画廊“特艺”艺术中心。1991 年，“特艺”艺术中心与深圳一家公司联合邀请中国书画名家深圳聚会，还送了一幅画给深圳市委。记得侨社酒店一个香港经理，没有带纸笔，穿着白衬衣，让刘海粟先生就在衣服上题字。

史良洁：当时主要有哪些演出团队来演出？

柯子长：有东方歌舞团，还有红线女的粤剧演出，芭蕾舞《天鹅湖》等。因为工作关系，我们都能看到这些最新的演出。

黄文青：那时候我们能接触到最新鲜的事物，见过很多海外的东西，像口红，像红双喜，周围的人都很羡慕我们（笑）。

史良洁：你们接待的华侨主要去哪些地方？

柯子长：我们当时有两辆旅游大巴，专门用来接送华侨。到了20世纪80年代，有了四辆日系越野车。华侨主要去汕头、广州参观。第一天，华侨回到国内，在侨社入住；第二天，早上五点出发，晚上到达汕头。客人在汕头探亲，要核对资料，沿途设有五个站点，可以上下车。

肖鑫茂：当时国内物资缺乏，华侨们带很多东西回来，他们什么都带回来。规定最多带30件衣服，他们就将多买的衣服穿在身上。记得一个母亲穿了18条裤子在身上带回来（香港永联一位经理的母亲，陆丰人）。

杨德祺：华侨什么都带回来，除衣服外，连肥皂、面粉、锅巴、猪油渣等都带回来。

肖鑫茂：那时闹了许多笑话。20世纪80年代初，当时深圳只有罗湖一个客运口岸，文锦渡是货运口岸，主要运送猪，我们这一带全是猪仓（笑）。当时的罗湖口岸设施简陋，只有四层楼高。规定外国人走四楼贵宾厅，拿中国护照的走一楼通道。一楼设施简陋，人多拥挤。许多归国华侨没有加入外国国籍，拿的是当地的居住证，使用中国护照入境，只能走一楼通道。而这些归国华侨十分有钱，他们会聘请几个当地人做保姆、工人随同回国，而这些拿外国护照的保姆工人却享受贵宾待遇，走四楼贵宾通道。更离谱的是，我们的海关工作人员，还责令持中国护照入境的华侨帮外国人（保姆、工人）拎行李（笑）。

黄文青：早期华侨回来可以带“三大件”。过去的老“三大件”是：

世界人民大团结万岁
LONG LIVE THE GREAT UNITY
OF THE PEOPLE OF THE WORLD!

昔日的罗湖边界检查站

手表、单车、缝纫机；20 世纪 80 年代的新“三大件”是：冰箱、空调（洗衣机）、电视；“三大响”：录音机、电视机、收音机。后来，还有带摩托车回来的。

杨德祺：深圳有个很出名的荔枝节，港中旅组织了荔枝团来参加 1988 年的第一届荔枝节，大巡游时我们侨社走在第一个方队。我和黄文青策划，组织 40 位单位女职工装扮成本地客家女，让她们担着荔枝参加巡游，很有特色。当时我拍摄了许多照片。

黄文青：是很珍贵的深圳历史照片。我办公室墙上挂的那幅《荔枝女》油画，就是杨老根据他当时拍摄的照片画的。

史良洁：那时怎么安排荔枝团？

柯子长：接待的华侨在边检站写回乡介绍书，到当地派出所盖章核对资料。我们会跟港中旅联系，港中旅提前提供名单，告知他们有多少人进来。我们就负责安排接待。深圳这里相当于一个中间接待站，每天从这里中转的联运客占六七成。

肖鑫茂：中转的联运客有个黄色的卡片来换票，是四联组成的，其中一联换从香港到深圳的车票，一联换行李，一联换深圳到广州的火车票，还有一联要自己留底。我们在售票口对面有个台子，在那里负责换票。

史良洁：什么时候结束免费接待，开始收服务费的呢？

柯子长：20 世纪 60 年代才开始收费，以前都是免费接待。记得好像是 1962 年开始的，最早是一个人收 2 毛的服务费。后来的调整跟改革开放有关，改革开放后旅游观光的人多了，慢慢就有了旅游的概念。主要也是出于创外汇的需求。当时，如果是农产品等资源创外汇，是 15 块多人民币兑换 1 美金，但如果是旅游服务，就是 5 块多人民币兑换 1 美金。所以我们当时大力发展旅游，组织外国游客。

黄文青：我还记得我们运作的第一个商业行为项目，是我负责联系和接待的。我亲自去香港跟香港工会联系做收费旅游团。深圳的第一个商业运作景区是深圳水库。早在1965年，香港居民完全是义务劳动，同宝安县原住民共同建造了这座水库，香港人很怀念，20世纪80年代，香港人可以来深圳旅游时就想看看当年兴建的水库。那时旅游费是每人5块钱港币，汇率是100港币兑换18块钱人民币，是我印象中最低的汇率。第二个旅游景区是西丽湖。后来规划发展了“五湖四海一中心”。

肖鑫茂：香港游客过深圳，早上8点关口开始放行，他们的行程一般是先去深圳水库，然后再去东门市场买东西，下午4点之前就要过关回香港了。那个时间点，深港两地的关口都要关闭。

史良洁：那时的导游有小费吗？

柯子长：游客会给我们小费，但我们规定不准收小费，收到任何礼品都会上交。

黄文青：有的时候不好拒绝，收了小费后回来再上交。我见过两三百美金的小费，跟我们每月30块钱的工资比，那可是很大一笔数目。但那时候的人很单纯，没想过自己收，那种信仰可能在今天有的人很难理解。

史良洁：上岗之前会有培训吗？

柯子长：有很严格的培训，记得有规定不许喝酒等注意事项。我还记得一句口号：外事无小事，事事多请示。

史良洁：那时候做导游有统一制服吗？

柯子长：我们那时都是穿西装打领带，上海服装厂专门过来给我们量身定制的西装，帽子是在香港做，当时我们这边还做不了那种大官帽。

史良洁：当时的工作状况怎样？

柯子长：春节最忙，不准请假。两点起床，有时累得站着就睡着了。

杨德祺：春节期间回来的华侨最多，每天六七千人进出，与港中旅联运的占六七成。

叶六妹：早上最早 1 点起床，忙到晚上，有时没有时间休息。

史良洁：当时的工资待遇怎样？有加班工资吗？

柯子长：临时工每月 30 元，转正后 28 元。转正后还更少了，因为是拿干部工资。那时宝安县临时工每月 22 元，人们戏称“两只鸭仔”。侨社临时工 30 元，最多，是拿省里的工资，而且天天吃白面。其他单位十分羡慕我们（笑）。

我们没有加班工资，加班就分给 2 毛钱的 3 块饼。晚上放哨也是发 3 块饼。每周周六晚上休息，周一到周五晚上都要开会。大家拼命工作，不讲回报。

肖鑫茂：1982、1983 年，华侨酒家开始举办舞会。边检、海关的人都到侨社来跳舞，来追侨社的女孩子（笑）。

史良洁：看来，当时侨社的条件很好（笑）。

杨德祺：是，侨社的待遇很好（笑）。我们自己放电影。海关没有车，侨社有两部丰田车。侨社的幼儿园也是最好的，职工宿舍也是最好的。

柯子长：1992 年，邓小平南方视察，市委接待还借用了我们侨社的车。

史良洁：柯老，记得您第一次带旅行团吗？

柯子长：1972 年 11 月，我作为全陪带领一个华侨团。他们是拿护照回国探亲的华侨，来自泰国、马来西亚、新加坡、菲律宾、印尼等国家，在广州组团的散拼团。我们全程 24 天，去了武汉、洛阳、北京、天津、上海、杭州、无锡等 9 个城市。全程很辛苦，坐火车、乘汽车，许多路况不太好。那时的翻译工作是将广州话潮州话翻译成普通话，然后再把听到的普通话转成广州话潮州话说给他们听。每个地方都有当地政府举行的招待会接待。1974 年，又走了一次同一条线路。

访谈录

1979 年文锦渡口岸桥头

黄文青：因为那时是以火车交通为主，一出去就差不多一个月，顺着当时的京九铁路一路北上。后来建了飞机场之后，行程能缩短到18天。

史良洁：你们日常工作做些什么？

柯子长：每天用笔记本记录每天的情况，给当地接待单位联系人汇报情况，还要进行账务对接等。

史良洁：在那个特殊的年代，工作发生过什么变化吗？

柯子长：20世纪60—70年代，我曾经4次下乡。1960年4月—1961年7月，到横岗（工作队）干农活，参加劳动。1966年7月靠边站，7月清理阶级队伍到水库，大部分人去了“学习班”。那时只留下根正苗红的二三十人在工作，客人很少。最后一次是1975年，当年，下乡政策取消。侨社每年农忙都到乡下帮忙。到龙岗修水利，到莲塘、公明、荷坳等地插秧、收割稻谷等。当时，有下乡的人娶了当地人做老婆，因为改革开放政策，现在很富有（笑）。

杨德祺：我在1963年—1966年期间下乡。

史良洁：那个年代虽然离我们不远，但是，很多经历是现在无法想象的。

杨德祺：是。大炼钢铁时，我们在田地里累得说睡就睡着了。醒来后，就用田里的水抹把脸。

黄文青：还在梧桐山露营。

史良洁：还有什么特别的事情发生吗？

杨德祺：1967年七八月，有深圳群众，举着毛主席语录，冲过香港和深圳的边界线，冲进香港。30多米长铁路桥一下冲过去了。有一批冲过去后就趁此偷渡了。

柯子长：1962年秋天，潜伏分子在边检站接受检查时发生爆炸，边检人员当场牺牲。

从左至右：叶六妹、杨德祺、柯子长、本书作者、
肖鑫茂、黄文青

史良洁：1980 年您任旅游部经理，应该走遍了全中国。

柯子长：在旅游部任经理时，每年出去考察一个月。除了新疆、宁夏、青海、西藏没有去过，其他省（区）市都去过了。冬天去哈尔滨看冰灯，到黑龙江扎龙自然保护区看鹤。记得有一次途经三峡时车没油了，到各处中旅去要汽油（笑）。离休后，到国外旅行多一些。

史良洁：杨老是哪里人？什么时候来到深圳的？

杨德祺：我老家是广东连州。我 1942 年出生。因为父母是教师，我读中学免学费。高中毕业后，1962 年，我进入深圳侨社。当时，华侨大厦已经建成使用。

史良洁：当时是怎样进入深圳侨社的？

杨德祺：1962 年春节，广东省中旅社、广东省接待处、拱北侨社等在广州、中山等地华侨农场招聘子弟，共计招聘 100 人，再分配到各单位。我由广东省接待处推荐，进入深圳侨社。

史良洁：杨老，您初进深圳侨社在哪个部门？

杨德祺：在警卫班。广州三元里。1966 年下乡，1970 年回到侨社办公室工作，负责宣传。我爱好音乐、跳舞，也是摄影发烧友。

1992 年，我曾经被借调到深圳市旅游协会，1993 年监考了第一批导游证考试，后来又回到侨社，1997 年退休。

黄文青：杨老拍摄了很多珍贵历史照片，可以给您提供一些资料。

史良洁：叶老什么时候来深圳的？

叶六妹：我 1944 年出生于马来西亚，1950 年 6 岁时因马来西亚排华随父母回国，回到海南岛。

1961 年，广东省中旅到万宁农场招华侨子弟，我们一行十几人从海南到广州再到深圳，进入深圳侨社。1962 年下乡，我们 1967 年结婚，1969 年女儿出生，20 世纪 70 年代回到侨社开始带旅行团，1994 年退休。

史良洁：杨老、叶老，你们退休后生活一定丰富多彩。

杨德祺：我们退休后，到处旅行。2008 年，我们夫妇还去了西藏。许多朋友劝我们慎重，担心高原反应，但全程很顺利（笑）。

史良洁：肖老是哪里人？什么时候来深圳的？

肖鑫茂：我是汕头澄海人，1946 年出生，初中毕业，1965 年 5 月来深圳。1965 年 4 月，全省招聘了 30 多人到广州，我 5 月到了深圳，进入侨社客房部，一年后到餐厅服务部。同时还兼任侨社演出队演员，白天演大戏，下班后做服务员。晚上，怕有人偷渡香港，“文革”初期我还到河边放哨。当时，80% 的侨社人都到东湖水库学习班去学习了。

“文革”后到办公室，后到旅游部，负责接待。再到港澳部，负责深圳到汕头车票。汕头组很快组合并任组长，后到入境部两年，再到南航联系代买机票。机票代理在 4 个地方办公：八卦岭、南头南航大厦、航空大厦、口岸。后代理货运，当时是第一家。2006 年改制后退休。

史良洁：肖老，您印象比较深刻的导游旅途是去哪里？

肖鑫茂：1977 年 10 月 10 日带团，从广州出发，到了长沙、武汉、郑州、北京、南京、无锡、上海、杭州、苏州、桂林等城市，全程 26 天。乘飞机两程，广州到长沙，回来时从杭州到深圳。国庆前后华侨团最多，省中旅组团人忙不过来，就抽调深圳的人去接待做全陪。1978 年 10 月 10 日，我借调到省中旅带团。当时，中旅总社统一发工作证，再换证。

史良洁：柯老的夫人是同行吗？

柯子长：我 1957 年结婚，夫人 1961 年调入侨社。

史良洁：柯老什么时候退休的？

柯子长：1990 年离休，以处级干部级别离休（笑）。离休后平时看看书、看看报。

史良洁：离休后去了哪些地方旅行？

柯子长：夫人 80 岁了，我们俩人一起去了很多地方旅行。2001 年去了法国、荷兰、意大利、德国等欧洲国家。2013 年 5 月，去了东南亚、新马；9 月去了韩国。想去的地方还有很多（笑）。

T I M E

80

年代

我国真正意义的导游是在改革开放以后出现。20世纪80年代，旅游业刚刚兴起，省内游国内游开始有了规模。一些外国人从香港进入深圳前往内地，内地人也开始通过深圳走向世界。导游成为一个城市的代言，成为游客了解一个景点、一个城市、一个国家的引路人。一批大学生尤其是有外语专长的，开始辞职下海从事导游工作。

“

当时，旅游团队由中国国际旅行社总社制定计划和接待行程，总社会派一两个工作人员全程陪同，国旅广州分社再派两个人作为地方陪同。每一个团出发前，我们都要做许多详细的准备工作，如了解团队成员的情况，制订周全的接待计划，对可能出现的问题做出预案，与将要到访的接待机构做好沟通工作，对需由省市领导出面接见的重点团队还做出更为详细的安排。

”

李木胜

——结缘旅游四十年

李木胜	1956 年出生
深圳市海外国际旅行有限公司 董事总经理 广东旅行社行业协会副会长 做导游时间：1977 年—1988 年	
采访地点：深圳市深南东路东乐大厦 13 楼总经理办公室	

访谈录

与李木胜的缘分已经有十几年了。

2002 年 6 月，应澳大利亚旅游局的邀请，我同李木胜等一起去了南澳大利亚和西澳大利亚。早期内地游客前往澳洲主要集中在东部旅游，尤其是黄金海岸、悉尼等，澳洲南部和西部并不为人熟知。当时，中国旅游界第一批旅游考察团到达南澳和西澳，我有幸作为成员之一，第一次到达了澳大利亚。

2002 年 11 月，李木胜所在的深圳市旅游集团和著名的丽星邮轮公司合作，首次开通了“双子星”邮轮从深圳蛇口到越南下龙湾的海上旅游航线。这依然是目前深圳停靠的吨位最大、载客量最多的邮轮。（备注：2016 年 11 月 12 日，深圳蛇口太子湾游轮母港启用，11 月 13 日迎来首航——云顶集团丽星邮轮旗下 7.5 万吨总排水量“处女星”号出发，开启越南、三亚航线。）当时，丽星邮轮在中国内地寻找母港，深圳市也非常重视，想打造旅游邮轮母港，于是深圳市旅游集团首次引进这个高端邮轮休闲旅游产品，双方洽谈合作成功。但是，由于设施不足、客源不足等因素，2003 年“非典”之后就停航了。首航时，我有幸应李木胜的邀请随同首批游客、媒体记者、广东省内各大旅行社负责人等 1000 多人，乘坐“双子星”号邮轮，从蛇口出发，经过浩瀚南海，到达有“水上桂林”之称的越南下龙湾。

2004 年 6 月，我同李木胜等一起去了菲律宾的长滩岛；2010 年 11 月，随深圳旅行团赴三亚考察。

我们还有很多次因为采访、座谈会、考察等等共同参加的旅游聚会。这些聚会，可以说见证了我国旅游的发展历程。

当我电话联系李总时，他第二天要开会，周末应《深圳商报》邀请去江西宜春考察；回来后又出发去希腊考察邮轮航线……于是，约在三周后见面。已经有两年未来拜访，办公室也换了，但门外的橱窗里依然

1977 年，李木胜在广州白云机场，准备陪同美国客人前往桂林

摆满各种奖牌、奖杯，而且增加了不少，层层叠叠放着。

依然是笑眯眯，一团和气，总是先考虑到别人。见面时，李木胜身穿深蓝色的夹克装，带着他惯有的笑容……

史良洁：李总，您是外语专业毕业的，是哪一年入读的大学？哪一年开始做导游？

李木胜：我1972年高中毕业，响应当时号召，知青下乡回到老家梅州五华县。1974年，当地将我保送到广东外语学院英语系学习。

史良洁：一定是根红苗正的人才可以保送到大学。

李木胜：是的，家庭出身要好，特别是对外语院校学生，要求更高，政治条件一定要过关。

史良洁：您什么时候毕业？哪一年开始进入旅游行业？

李木胜：1977年毕业。组织分配我到广州的中国国际旅行社广州分社欧美部，负责英语翻译和接待等工作，也称为翻译导游。那时外语人才是稀缺人才，大学毕业生大多数去向是外交、外事、外贸和旅游等行业。

史良洁：当时的旅游和导游的工作、生活状况怎样？

李木胜：中国国际旅行社广州分社属于外事单位，行政属于广东省外事办所领导。我们属国家工作人员，是国家干部身份，地位相当高，是受人尊重的职业。日常工作是外事接待，主要接待欧美客人。当时，中美关系属于蜜月期，许多欧美国家的政要及企业家都是通过旅游渠道来中国访问。

我们被大家称为“民间外交大使”，组织要求我们要当好“五大员”：宣传员、调研员、安全员、翻译员和服务员。当时，旅游团队由中国国际旅行社总社制定计划和接待行程，总社会派一两个工作人员全程陪同，国旅广州分社再派两个人作为地方陪同。每一个团出发前，我们都要做许多详细的准备工作，如了解团队成员的情况，制订周全的接待计划，对可能出现的问题做出预案，与将要到访的接待机构做好沟通工作，对需由省市领导出面接见的重点团队还要做出更为详细的安排。我们被要求须严格遵守外事纪律，在接待中做到不卑不亢、饮酒不得超过自己酒量的三分之一、不得单独进入外宾的房间。

当时，我们的社会地位高，待遇好，有补贴，还有置装费。我们的标配服装是毛料中山装和“三接头”皮鞋，都是在北京路服装店和大学里的鞋店统一购置。

史良洁：欧美客人通过怎样的路径来到中国？

李木胜：从香港到深圳，再转坐火车到广州；或者从国外搭乘国际航班到北京，再前往国内其他城市。

史良洁：您主要的导游经历是怎样的？

李木胜：从 1977 年到 1988 年，我一直在中国国际旅行社广州分社欧美部，严格意义上说，我做了 12 年的导游翻译工作。当时政府强调旅游是外事工作的一部分，旅游工作无小事，利用民间外交带动国事往来，的确对推动我国与其他国家之间的外交关系起到重要作用。当时的访问团，以参观为主。安排参观广州中山纪念堂、五层楼、农讲所、黄花岗、幼儿园等，并经常与人民公社、医院、工厂及政府部门举行友好交流及座谈。

史良洁：最难忘的记忆是哪件事？给您带来了什么影响？

李木胜：20 世纪 80 年代初，美国洛杉矶准备与广州建立友好城市。洛杉矶市访问先遣团拜访时任广州市委书记杨尚昆，由我担任翻译。其间杨尚昆提及“和平共处五项原则”，我一时不知怎样翻译，很尴尬。结果，杨尚昆迅即翻译了出来，解了围。后来知道，杨尚昆是学习俄语

2000年，李木胜（左）在英国伦敦代表深圳市旅游集团与英中旅游中心签订合作协议（右为该中心董事长 T.T.Chan）

的，但是英语也相当不错。我很佩服我们老一辈的革命家。

史良洁：当时做导游需要培训吗？

李木胜：我们上岗前需要集中培训 3 个月，要求很严格。主要按照外事工作的要求进行政治基本功、语言基本功和业务基本功的培训，学习党和国家外事工作的方针政策及外事纪律，加强政治思想教育，以及业务方面的培训，收获很大。

当时，国内的旅游硬件设施相当落后，没有高速公路、酒店没有空调、没有像样的旅游接待车辆……但是，我们接待人员的素质相当高，每次都能认真工作，顺利完成接待任务。我们平时坚持学习，加强业务培训和锻炼，每天早上收听“美国之音”新闻报道，阅读《北京周刊》《中国日报》等英文报纸杂志。大家都是一批能吃苦、愿意学习、要求上进、业务能力强的青年人。

史良洁：当时可以公开收听“美国之音”吗？

李木胜：需要经过特批，从事外事工作的人员，允许我们收听“美国之音”新闻广播，学习英语和了解国际动态。

旅行过程中，没有出现投诉，所有的旅游访问团都是高高兴兴地来，高高兴兴地走。有些美国人回国后，还与我们通信，甚至还邀请我们出国留学。

史良洁：有人接受邀请出国吗？

李木胜：有，有些同事出去留学了，大部分毕业后留在了美国。

史良洁：怎样的机遇下转岗的？导游经历对您以后的工作有什么影响？

李木胜：从 1977 年到 1988 年做了 12 年的导游工作。其间，1983 年，到中国国际旅行社总社及北京钓鱼台国宾馆工作半年；1988 年初，调任中国国际旅行社广州分社外联部副经理，开始负责市场销售工作。

1988 年底至 1990 年初，广东省旅游局派我前往英国伦敦工作学习，在英国伦敦中国旅游服务中心担任经理，了解国外先进的旅游市场发展状况，亲身体会和学习到国外的旅游管理方法，对英国走过 100 多年的旅游规模和旅游设施印象深刻。

史良洁：派去英国要通过严格的考核吧？

李木胜：同样要求政治过硬、业务过硬，还得经过严格的政审。

史良洁：期间还去了哪些国家？

李木胜：1984 年，国家旅游局组织全国主要省份的旅游部门骨干到美国参观访问学习。我作为中国旅游代表团的一员，在美访问期间，看到了中美之间的巨大差距。交通、酒店、用车等等差距太大。美国高速公路四通八达，国际航线飞往世界各地，机场停机坪停满了飞机。当我们听说飞机在空中排队等候降落时，简直以为是天方夜谭！太不可思议！而当时的中国，没有高速公路、酒店没有空调、没有像样的接待车，条件相当落后。那种差距带来的震撼是无法用言语来形容的。

史良洁：在英国期间，除了感受到两国之间的巨大差距之外，还有什么特别印象深刻的事件？

李木胜：1989 年 6 月之后，西方国家几乎停止了所有前往中国的旅游团。我们从伦敦前往以色列，通过当地旅行社，组织了以色列和南非的游客到中国旅游，有几十批企业、政府及教育等领域的人士到中国旅游参观访问，是当时旅游团中少见的外国脸孔。

为了顺利组织游客，我决定亲身前往以色列，与当地旅行社建立业务关系。

史良洁：当时我国同以色列还未建立外交关系吧？应该是 1992 年建立的大使级外交关系。

李木胜：对，当时还未建交。1992 年 1 月 24 日，以色列与中国才

2002 年，李木胜（右）在内蒙古呼伦贝尔，参加广东省旅游代表团考察内蒙旅游，与时任广东省旅游局局长郑通扬合影

建立大使级外交关系。1989 年我去以色列驻英大使馆申请签证，还清楚记得当时进入以色列驻英大使馆的安检相当严格。我在英国持公务护照申请签证，以色列驻英大使馆很重视，大使馆参赞还亲自约谈，两天后，给我签发了前往以色列的签证。据以色列驻英大使馆的工作人员介绍，我是第二个持公务护照去以色列的中国人。

当时，中以两国正在接触外交事宜，有可能对方以为我们是官方安排的特殊人士，非常重视。出发前，以色列有关人员还问我们是否需要安排新闻发布会，是否需要安排特别的接待。

史良洁：到了以色列顺利吗？

李木胜：我们一行两人到达了以色列。在机场一位 50 多岁的当地人士来接我们，并邀请我们去他家做客。据他说，二战时，许多犹太人在上海得到中国人的保护和救助，战后他们回到以色列，因此非常感谢中国人。在那位热情的以色列人家里，几位二战获救者闻讯赶来，大家愉快地畅谈，留下深刻的印象。

史良洁：您什么时候回国？

李木胜：1990 年初从英国回国。了解了国外的政治制度，看到了国外高度发达的社会经济，丰富了同国外合作的经验，积累了经验。

史良洁：有没有想过留在英国？

李木胜：没有，虽然很喜欢这个国家，但我生长在中国，我的家人和朋友都在中国，所以工作结束后我毫不犹豫回国了。

史良洁：回国后到了哪个部门？

李木胜：1990 年初回国到中国国际旅行社广东分社市场销售总部任副总经理；1991 年 6 月调到深圳中国国际旅行社工作，历任总经理助理、副总经理；1995 年任总经理。

史良洁：就是深圳国旅新景界？

李木胜：对，2000 年改制后，成为现在的深圳国旅新景界。

史良洁：什么时间离开深圳中国国际旅行社？

李木胜：1997 年初，我调到省旅游局行业管理处任副处长。

史良洁：从旅行社调到旅游局？

李木胜：是。当时深圳中国国际旅行社是广东省旅游局直属的正处级单位。那时，政企不分（笑）。

史良洁：1997 年就是处长了。后来，怎么又回到企业？

李木胜：是哦，呵呵（笑）。2000 年回到深圳。可能以前从事企业管理时间长了，我不太习惯按部就班的办公室工作环境，还是更喜欢到企业，可以按照自己的意志和想法规划工作。

史良洁：我是 2001 年底到《深圳商报》旅游版工作，第一次认识您时您是在深圳旅游集团。哪一年到的深圳旅游集团？

李木胜：2000 年我调到深圳旅游集团海外部任总经理。深圳旅游集团是深圳市国资委下属国有企业。

史良洁：那是一段国企改制的峥嵘岁月。

李木胜：是。当时我的思想还是比较保守，认为应该在国企工作，所以到了深圳旅游集团。后来，深圳旅游集团海外部也改制了，改成现在的深旅国际旅行社。

史良洁：2002 年 6 月，应澳大利亚的旅游局的邀请，我有幸作为成员之一，第一次到达了澳大利亚。同您一起去了南澳大利亚和西澳大利亚。

李木胜：1999 年 8 月，澳大利亚、新西兰旅游业务开始在北京、上海和广东三地试办组团旅游业务；2004 年 7 月，将组团范围扩展到天津、河北、山东、江苏、浙江和重庆等 6 省市；2006 年 8 月 1 日，面向我国全面开放。初期内地游客主要是到澳大利亚东部旅游。当时，

1993 年 6 月，李木胜在日本福岗

我们算是中国旅游界第一批到达南澳和西澳的旅游考察团。

史良洁：2004 年，我应邀第二次到澳大利亚，当地媒体对我们的到访也很重视，在新南威尔士州参观考拉园时，当地媒体也来采访我们的感受。第二天，我抱着考拉亲密合影的照片，刊登在了当地报纸的头版，可能传递了我们共同想表达的心愿——友好。

李木胜：这份友好也在中澳两国之间不断延续着。2012 年，我国已成为澳大利亚第二大国际游客来源国，达到 63 万人次。而 2002 年，中国到澳洲的旅游人数只有 19 万人次，10 年增长了 3.5 倍。2015 年 9 月，中国成为澳大利亚最大的游客来源国，当月来澳人数达 11 万。

史良洁：那时我国出境旅游开始迅速发展。2002 年 11 月，深圳市旅游集团和著名的邮轮公司丽星邮轮“双子星”合作，首次开通了从深圳蛇口到越南下龙湾的海上旅游航线。当时，我有幸应邀登上“双子星”号邮轮。

李木胜：当时，丽星邮轮在中国内地寻找母港，深圳市也非常重视，想打造旅游邮轮母港，于是深圳市旅游集团海外部首次引进的这个高端邮轮休闲旅游产品，双方洽谈合作成功。

史良洁：从蛇口出发，经过浩瀚南海，到达“水上桂林”之称的越南下龙湾。那是一段奇妙的旅程。

李木胜：随同的首批游客、媒体记者、各大旅行社负责人等 1000 多人，乘坐“双子星”号邮轮。

史良洁：什么原因停航了？

李木胜：一方面，深圳蛇口码头硬件设施不足；另一方面，2003 年“非典”致客源不足等因素，就停航了。

史良洁：这也是深圳首次引进大型载客邮轮，是深圳旅游史上的大事件。

李木胜：是的，当时是深圳市也是广东省首次以母港形式引进大型豪华游轮。（备注：丽星邮轮旗舰“处女星”号2016年11月12日开始，以全新深圳蛇口太子湾作为母港。）

史良洁：根据国际邮轮经济发展规律，当一个国家或地区人均GDP达到6000美元至8000美元时，邮轮经济便具备了发展条件。我国部分沿海地区和城市已具备了发展邮轮产业的基本条件。

李木胜：邮轮旅游是休闲旅游、是高端旅游产品，邮轮旅游的发展也标志着我国旅游从观光游向休闲游过渡。

上海、天津、三亚邮轮旅游发展较好，当地的深水港适合停靠大型邮轮。如果再兴建码头，就得建20万吨位级的了。最大的邮轮已经达到22万吨位级。深圳修建的深圳太子湾邮轮母港，于2016年11月12日启用，将为邮轮旅客提供更为便利的条件。

史良洁：您刚从希腊回来，也是去考察希腊邮轮旅业？

李木胜：是的，希腊、意大利等国的航运业相当发达，邮轮码头建设十分完善。地中海风光旖旎，适合舒适休闲的邮轮旅游。

史良洁：2004年6月，我又同你们一起去了菲律宾的长滩岛考察。随着人们出游频率的增加和出游经验的积累以及信息化的普及，自驾游、自助游、房车游等各种新兴的、休闲性质的出游方式层出不穷。这种随意、放松的旅游需求，是国民休闲意识的最佳体现。

李木胜：那是海岛游迅速发展的时候。很多人不再愿意奔波于旅途中，希望能好好放松休息。因此，海岛游、邮轮游都是最好的休闲旅游方式。

史良洁：您又是哪一年到了现在的深圳海外国旅？

李木胜：2005年6月，当时叫深圳市友谊国旅旅行社，是一家由国有体制改为股份制的旅行社，2005年底更名为深圳市海外国际旅行

1993 年 11 月，李木胜在澳大利亚悉尼

社有限公司。通过全体员工的努力，公司已发展成为全国最大的东南亚游批发商及深圳市最大的旅行社之一。

通过这些年的发展，我的思想也发生了转变。只要有胆量、有经验、放下身段、善于学习、敢于创新，在私营企业一样可以有大发展。

史良洁：我看见您橱窗里荣誉证荣誉牌都放不下了，这几年获得无数荣誉。

李木胜：我们获得的荣誉很多，社会责任也很大，现在已经成为中国骨干旅行社之一。公司拥有 1000 多名员工，在全国各主要省市设有 20 多个分公司，是中国旅行社协会的副会长单位，连续 9 年获得国家旅游局颁发的“中国百强旅行社”称号。这些都是大家共同努力的结果，来之不易。

史良洁：目前公司的优势业务集中在哪些方面？

李木胜：公司以东南亚、邮轮、日韩、欧洲、海岛游等出境批发业务为龙头，业务延伸至全国各地。近年推出《非凡泰国》《情定桃花岛》等精选产品，由中央电视台拍摄并在全国播出，深受业者及游客的喜爱，并获得了由泰国国家旅游局长亲自颁发的“安心泰国游”品质认证书。

除了东南亚游，我们的业务已延伸至商务考察、邮轮旅游、会议奖励、高端产品策划、专项旅游经营。

史良洁：《中华人民共和国旅游法》（以下文中简称《旅游法》）出台并实施已有三年多，您怎样看？

李木胜：《旅游法》的出台对整个行业的健康发展起到促进作用。旅游行业要从追求数量，转向追求质量；从零负团费，转向合理利润。据了解，《旅游法》出台后，曾经出现过游客在观望、出游量短期内下降的现象，但是整体利润并没下降。这说明量减少了并没有影响质量。市场要允许有一个适应的过程，最终回归到理性。《旅游法》的出台为中国旅游业提供了法律依据，但各地方政府的严格执行和行业的自律行为更为重要。这恐怕需要一个较长的过程。

史良洁：《旅游法》对导游界有怎样的影响？

李木胜：这些年，对导游的重视和管理被淡化了，导游没有得到合理的待遇和薪酬，应该引起旅游管理部门和行业的重视。要建立合理的薪酬制度，提高导游的工资待遇，让导游的辛勤工作得到合理的报酬。

史良洁：这些年，导游的身份地位发生了较大的变化。

李木胜：20 世纪 80 年代导游很受尊重；90 年代台湾游开放后，各地开始建购物店，有人开始拿回扣。90 年代，出国游客还不算太多，游客对出境要求不高，出去一趟，除了旅游或探亲之外，还能买回一些电器产品，所以那时没有出现低价团，投诉也极少。但后来，由于市场竞争加剧，有些旅行社以超低价吸引游客，因此出现零负团费的现象。这其中有社会原因，也有行业良莠不齐的因素，有些企业甚至不计成本、恶性竞争、打价格战，严重影响了旅游的质量和声誉，这些问题都需要政府的有力监管。游客自身也要提升消费意识。改变需要经历阵痛。游客对服务的要求越来越高，但对价格要求越来越低。但游客须知一个道理：一分钱一分货；接受零负团费是要谨慎的，不要因为低价而影响自己的辨别能力和旅游质量。

史良洁：您怎么看待目前在线旅游电商对传统旅行社带来的冲击？

李木胜：虽然传统旅行社仍然是市场的主导，但经营方式过于保守，缺乏创新，可以预见互联网在线旅游电商的影响会越来越大。两种销售模式完全不同，部分旅游电商吸引巨额资本投入，有强大的资金支撑，它以补贴行为来吸引消费者，虽然在短时间内能争取一定的市场份额，但很容易形成泡沫，难以长久维持。传统旅行社具有成熟的旅游接待资源和销售渠道，不少旅行社在当地知名度较高，已形成品牌效应，较能得到消费者的认可。而且，旅游电商目前以单项服务为主，一价全包式游行还需要落地，尤其在售后服务方面，传统旅行社具有更大优势。调查显示，不少消费者又重新回归旅行社门店报名。总体来说，传统旅行社和旅游电商各具优势，谁也消灭不了对方，它们应该拥抱对方，优势互补，良性竞争，这样才能形成行业大发展的格局。

史良洁：这些年您考察过其他国家的旅行社的运作模式，它们如何管理导游？

李木胜：我曾经考察过英国、美国、以色列等国的导游管理情况，在不少发达国家，很多导游都是由教授或工程师兼任的，他们的知识面广、专业性强、薪酬也较高，是一种受到尊重的职业。目前我国导游社会地位低，待遇落后，导游是旅游工作的一个重要环节，导游工作的好坏直接牵涉到整个团队的质量，这应该引起旅游部门的高度重视。导游的工资和补贴应该强制推行，导游的合理收入和福利待遇应该得到保障。

史良洁：对于准备或者已经投身旅游业的新生导游，您有哪些要对他们说的？

李木胜：年轻一代的导游比老一代导游有很大的优势，比如外语好，工作热情，知识面广，思维活跃，有活力，容易与游客打成一片。但他们也是独生子女一代，因此个性随性。所以需要提醒的是，首先，要以这个行业为荣，要有职业道德，要逐步建立自己的职业责任感和自豪感；第二，不要被一些急功近利的人或事诱惑，不要随波逐流和被负面问题所影响；第三，要趁还年轻的时候，为自己争取更多了解世界、开拓视野、结交朋友的机会；最后，要有信心。旅游业既是一个能让年轻人发挥青春活力与创造力的行业，也是一个有着巨大发展潜力的行业，要相信这个行业的发展速度和发展前景。

史良洁：我们谈了这么长时间的工作，现在我们换个轻松的话题，

2016 年 11 月 12 日，李木胜（中）与旅行社同行共同见证深圳太子湾邮轮母港开港仪式

可以谈谈您的工作之外的生活吗（笑）？

李木胜：好啊（笑）。

史良洁：能介绍下一下您的家庭情况吗？

李木胜：我是 1984 年结婚，1985 年女儿出生。女儿在广外附中读中学，高二时去了英国留学，完成本科和硕士课程。

史良洁：您当年去英国，女儿也去英国。

李木胜：我喜欢英国，工业革命的发源地，有完善的经济、政治体制，有深厚的历史文化积淀，有丰富的历史名胜，其先进的管理体制延伸到美国、法国、澳洲等地。

史良洁：家里有其他人也从事旅游吗？

李木胜：我太太也是广东国旅的，当时我们在同一个单位。现在已经退休。

史良洁：您去了各大洲，最喜欢哪些国家？

李木胜：工作将近 40 年了，我已经去了 100 多个国家。英国是我最喜欢的国家之一，还有瑞士、澳洲和肯尼亚都是我喜欢旅行的国家。

史良洁：您的工作是旅游，还会找机会去旅游吗？

李木胜：工作旅游之余，我会自己去旅行，更自由更放松，与考察旅游完全不一样。有时考察结束后，我也会选择去多走一些地方。当然，这与语言优势也有关。

现在仍然每年要出去至少三四次。做旅游业的一定要不断了解国内外情况，在开发新的国家、新的线路前，不能光凭一些资料介绍，一定要实地踩点、实地考察。我们要做的工作就是当好游客的眼睛，先去实地感受，把好的产品推荐给游客。

史良洁：平时有什么业余爱好吗？

李木胜：看书、旅行、打乒乓球、散步等较为休闲的活动。

史良洁：您 1956 年出生，看上去很年轻。这与您积极乐观向上的性格密切相关。

李木胜：我 1956 年 12 月出生，已经工作将近 40 年了，可以说与中国的旅游同步发展。开心工作开心生活很重要，保持乐观的心态也很重要。

史良洁：工作 40 年，有什么感悟？

李木胜：第一，中国旅游发展迅速。从当初什么都缺乏的艰苦岁月，到今天拥有了较发达的旅游硬件、软件设施，交通、酒店、景区大量建设，具有了较成熟的旅游队伍，成绩斐然。

第二，欧美旅游 100 多年的历史，限制少，走市场经济自由发展的道路，发展快。我国旅游从入境游开始，逐步发展国内游和出境游，现在已成为旅游大国，但仍有很多限制，跨区经营、出境旅游等还要审批，应该尽快放开。

第三，一些政府相关机构不要总说旅行社“散、乱、差”，我国旅游取得巨大成绩，旅行社功不可没，我们做了欧美国家 100 年才做到的事情，很不容易了。

第四，我喜欢旅游，能在这个行业工作近 40 年是一种缘分。我会继续关注和支持我国旅游业的发展，我也期待更多有理想、有知识、有热情的年轻人投身到这个行业中来，为把我们发展成为真正意义上的旅游强国而共同努力。

“

当时只有入境旅游，我们主要负责接待外宾——来自欧美各国的外国人士来中国考察等。中国游客 1985 年才开始有国内游。而且，中国的国内游是从深圳的渔农村等村委开启的。那时，深圳的原住民因改革开放，富裕起来，开始走出去看世界，便引领了国内旅游。

”

吴　斌

——游客十分满意，我们才算达标

吴斌	1959 年出生

现任深圳国旅新景界副董事长
深圳市政协委员（2005 年—2015 年 两届）
深圳市旅游协会副会长
广东省旅行社协会副会长
做导游时间：1983 年—1985 年

采访地点：深圳市罗湖区和平路船步街 2 号国旅大院二楼办公室

从 2001 年认识吴斌时，他就在这里办公。十多年了，他依然是在国旅大楼四楼这间显得不是太气派、甚至有点狭小的办公室里，也是旅游界少有的没有更换办公地点的负责人。但是，这期间他却将深圳国旅新景界引上一个又一个新的台阶。他办公桌身后是一个简单的书柜，里面放着他十几年来的工作记录本，每个笔记本外形一样、封面一样。当我们谈到最近几年每年十月的数据比较时，他顺手就拿出了笔记本，翻到当页笔记，马上将近三年的数据、曲线表格等资料，一目了然地展示在我眼前，令我佩服他严谨的工作态度。

2005 年，他当选为深圳市政协委员，深圳市旅游协会副会长和广东省旅行社协会副会长，社会责任加重。万达集团牵手深圳国旅新景界后，吴斌任新景界副董事长。

访谈中，他非常认真地提到如今导游的薪酬及组织问题，还将 2010 年政协提案《关于对兼职导游从业人员实行基本薪酬保障和实施社会保险和医疗保险的建议》给我看。

史良洁：吴总，您带领的深圳国旅新景界已成为深圳乃至全国的著名旅游品牌。请问您是哪一年开始进入旅游行业？

吴斌：我是上山下乡青年，下乡 4 年，恢复高考后 1979 年参加高考，考上广州师范学院（现在的广州大学）英语系。1983 年大学毕业后，按照当时的政策，应该分配到学校当老师。虽然我的母亲是老师，但是，我当时好像不太愿意过她一样的生活，所以没有接受组织分配到学校报到，于是档案被打回原籍（广东省广宁市），我就一无所有自己独自来深圳找工作。

史良洁：这在当时算是敢闯敢干的首批来深者，不要“铁饭碗”，自己来找工作，有勇气，有魄力。

吴斌：当时我应聘了《深圳特区报》、深圳电台、海关、边检、深圳旅游集团（旅游局）等10个单位，因为学英语的缘故，算得上是稀缺人才，几乎每个单位都想录用我。但是，当时干部调动很严格，我属于教育系统的，要调出教育系统难度相当大。

史良洁：当时大学生都包分配，到分配单位需要派遣证。您自谋职业一定费尽周折。

吴斌：最后，因为旅游局急切需要外语人才，就想尽办法通过人事局把我调动到了深圳旅游局。就这样，1983年我进入深圳旅游集团总公司，那时旅游总公司和旅游局是挂同一块牌子。进入公司就有8年工龄了，下乡4年、大学4年加起来8年。

史良洁：到现在40年了！不容易。

吴斌：是啊！记得当时为了纪念30年工龄，那年6月，我同太太一同到加拿大旅游了半个月。

史良洁：可能从事旅游这么多年，也是难得的与妻子同行的旅程。

吴斌：平时旅游是工作，与家人这样休闲旅游的确很少。是哦，太太应该很满意（笑）。

史良洁：当时进入旅游集团哪个部门？

吴斌：1983年，进入深圳旅游集团总公司接待科做导游。

史良洁：您主要的导游经历是怎样的？

吴斌：我在1983—1985年之间任导游，算起来，只做了3年的专职导游。

史良洁：后来去了哪个部门？

吴斌：随着改革开放的不断深入，深圳旅游集团的下属二级企业不断涌现，需要大量的管理人才。而我们科的导游都是历经了各种考验，业务过硬，政治合格，可以说都是骨干，便不断地被提拔到不同新成立的企业去当负责人。大部分导游都升任到其他部门或企业做管理者了。

1985年底，我调入接待科（后改为接待部）任部长，逐渐转移到管理工作岗位。1986年，我被派到市委党校学习，学习结束后，到深圳市国际旅行社（主要做入境业务）当副总经理。1986年底，调任西丽湖度假村副总经理，1989年任旅游集团总经理助理，组建了一类组团社深圳市旅游集团海外部，任总经理，可以开始组团出境旅游。

史良洁：那是我国刚开始从单一入境旅游发展到有国内游、出境游的时期。

吴斌：当时，可以去泰国、马来西亚。1990年前后，我国与新加坡、马来西亚、泰国等几个国家签署了《旅游目的地国地位谅解备忘录》，国内游客通过旅行社组团便可以前往这些国家旅游。

史良洁：当时旅游集团还是按照政府职能部门定级别吧？您1986年任副总经理是什么级别？

吴斌：对，深圳八大集团，都是按照政府职能部门定级别。1986年我是副处级干部，1989年升任处级干部。

史良洁：1989年您30岁，是相当年轻的处级干部。

吴斌：那时，各个岗位负责人都年轻有为。

史良洁：您是几年一个大飞跃，成绩突出。还获得过哪些奖励？

吴斌：记得获得“1985年深圳市十大新长征突击手”。1989年，获国家旅游局“全国入境游突出贡献奖”，到北京领奖。

史良洁：当时导游的工作、生活状况怎样？

吴斌：当时导游的地位相当高，我们都是要政审合格后才能当涉外的领队、导游。我们的工资待遇也相当高，享受国家行政干部22级待遇。

史良洁：那个年代的旅游状况怎样？

吴斌：当时只有入境旅游，我们主要负责接待外宾——来自欧美各

吴斌在他办公室接受采访

国的外国人士来中国考察等。中国游客1985年才开始有国内游。而且，中国的国内游是从深圳的渔农村等村委开启的。那时，深圳的原住民因改革开放，富裕起来，开始走出去看看，便引领了国内旅游。

史良洁：当时导游日常工作是怎样的？

吴斌：我们又当领队又当地陪。行程要备案公司从外事、公安口来的领导，每天汇报工作。要求政治素质过硬，不能私自接收小费，一切礼品可以收下，但是一定要上交。

我们整理出常见的游客会问到的300个问题。包括改革开放、计划生育政策、社会主义等问题，比如计划生育的英文是Family Planning，外国人称“Birth control”，与中文存在差异，要分清楚。导游之间互相学习、相互问答，共同提高。

史良洁：那是一个学习的时代，所有人都在积极学习。

吴斌：当时深圳学英语的风气盛行，大家纷纷报电大补习。电大教室严重不足哦，所有小学晚上都开放给电大生学习用。政府成立了“外语学会”，集中所有会外语的人员，去当老师。我们还帮助友谊商店等涉外企业培训员工。其中，涉外导游是主要力量。1985年，《深圳特区报》记者梁兆松还专门写了这方面的相关报道。

史良洁：虽然很辛苦，也很充实。

吴斌：是。我们白天带团，晚上给企业员工上课。当时我一个晚上要上两个班的课，但一点也不觉得累。大家都觉得是在做贡献。下课后，大家一起去东门晒布路宵夜，很开心。

还记得，1986年亚乒赛在深圳举行，是深圳举办的第一个重要国际赛事。政府将全市所有外语工作人员集中起来，服务赛事，给参赛外宾统一的服务。当时深圳还没有干洗机，我们建议政府提前到香港去买来干洗机，为外宾干洗衣服。

史良洁：导游工作期间，最难忘的是哪件事？

吴斌：1983 年，我刚刚被允许可以独立带旅行团不久。记得是带一个美国团，有两个团友是媒体记者。当时我们去农村参观，这两位记者拍摄了很多现在认为“脏乱差”的情况。而且，失踪了一个小时，是非常大的事件。

史良洁：这一个小时他俩去哪里了？

吴斌：他俩到农村又拍摄了很多当地小孩的照片，比如拿些糖果撒出来，让孩子们去抢，然后拍摄那种状况。我们及时向单位和外事部门汇报了，后来让他们交出了安排行程以外所拍摄的胶卷。

史良洁：现在也见到有游客这样。

吴斌：这是很不好的现象。向当地小孩扔糖果或零钱，小孩不懂事，抢着好玩，但看客的心态有问题，这属于严重的歧视。

史良洁：您刚提到独立带团，怎样的条件才能独立带旅行团？

吴斌：经过一个月的严格培训，再跟不同的师傅实习，同师傅一起带三四十人的团，不同的老导游认为合格后才能独立带团。我三个月后，就成为主力。我独立带团也是偶然，当时师傅有其他更重要的事情走不开，我便被特许独立上岗了。

史良洁：当时主要的外宾来自哪里？

吴斌：比如政府邀请的华侨和香港同胞回来参观祖国发展建设，宣传内地政策。1985 年开始，考察投资的团增多，政府抽调导游去当翻译，帮助客人沟通税务、工商等政府部门，协助政府招商引资。

史良洁：大概哪一年开始游客增多？

吴斌：记得 1984、1985 年，来访游客逐渐增多，高峰期，我们一个导游负责接待四五辆车。

史良洁：他们主要到哪些地方旅游？

1989 年，吴斌在带团过程中与游客互动

吴斌：深圳一天游、广州一天游，当时的到访地都是指定地点。深圳最早的旅游行程是——罗湖桥、东湖水库、机关幼儿园看小孩表演、东门老街自由购物，共四五个小时；再到北国风味馆或竹园宾馆午餐，午餐后到黄贝岭村等参观农村。东门博雅工艺品公司也是当时很著名的参观地。

从深圳去广州，没有直通的高速公路，要从虎门过渡，到广州看中山纪念堂、黄花岗纪念馆等。这些线路，走了10年。

史良洁：10年！10年没变化？

吴斌：是！这些旅游线路一走就是10年，到了1993年才有变化。

史良洁：那时一年大概接待多少游客？

吴斌：起先主要是港澳同胞、海外华侨，一年大概几十万人，20世纪90年代初，台湾同胞可以回大陆探亲，游客达到100万人。最初，来访游客不在深圳过夜，20世纪90年代初，深圳有了机场，游客逐渐增加。

史良洁：您认为做导游最大的收获是什么？导游经历对您以后的工作有何影响？

吴斌：做导游自始至终是面对面地为游客服务，就是与人打交道。最大的收获就是学会如何处理人与人的关系，如何交流，如何沟通。其实就是一门系统管理学，这对今后做管理工作十分有益。对待员工和对待游客一样，尽职尽责，以人为本，科学管理。

史良洁：深圳的旅行社是怎样发展起来的？

吴斌：当时深圳只有4家旅行社，口岸中旅、深圳旅游集团、深圳国旅、蛇口招商国旅，后发展到深圳市中旅、深圳宝安旅行社等6家旅行社。深圳口岸中旅负责接待华侨，深圳旅游集团和深圳国旅负责接待外宾，几家旅行社都接待香港团。

1981 年竹园宾馆开业，这也是深圳第一家中外合作酒店，1983 年又有了雅园宾馆后，国贸大厦更是接待中外游客的重要场所。从 20 世纪 80 年代起这些酒店可谓辉煌无限，肩负着接待党和国家领导人、外国元首及各国政要等重要人物的光荣使命。那时涉外宾馆允许设立旅游部，也是旅行社的职能，于是发展到 10 家旅行社。而现在，深圳大大小小旅行社已有 400 多家。

史良洁：深圳市旅游局的发展好像也很曲折，是怎样一个过程？

吴斌：最早旅游局和旅游集团挂同一块牌子，后来有了旅游协会，再后来旅游局都取消，归到贸发局下属的旅游处，直到 2001 年才独立恢复设立深圳市旅游局。

史良洁：您所在的旅游集团与旅游局也政企分开了，为什么选择了企业？

吴斌：我在当时的确面临到旅游局还是到旅游集团的选择。当时，企业待遇比政府部门工资待遇高，而且公务员不自由，于是，我选择了旅游集团。也有一些人选择了旅游局，现在仍在各个岗位工作。

史良洁：您是哪一年到的国旅新景界？国旅新景界是如何发展的？

吴斌：1996 年，国家进行国有企业体制改革，抓大放小。1996 年，广东省旅游局安排我到深圳市国际旅行社（即后来的国旅新景界）任副总经理，一干就是 20 年。

1954 年，中国国际旅行社总社在北京成立，作为中国国际旅行社广州分社的深圳支社在深圳成立，专门从事外事接待工作，在同一年接待了第一批外宾。随着深圳改革开放的发展以及 1984 年国旅总社接待功能的转换，当时的中国国际旅行社广东分社深圳支社升格为深圳分社，并逐步转型为专门从事综合性旅游业务的旅行社。1992 年，中国国际旅行社广东深圳分社随着中国旅游业迅速发展，成为以“接团为主并开始发展中国公民游业务”的国家一类旅行社，之后更名为深圳中国国际旅行社。

史良洁：20年间，您将国旅新景界引向了一个又一个高度，目前成为深圳乃至全国的著名旅行社。

吴斌：这些年国旅新景界坚持“为顾客创造开心、有价值的生活体验！”的理念（用手指了指窗外，一楼面对大门的墙上，印着这几个大字），新景界的核心价值观是：追求卓越，从我做起；注重细节，始终如一；真诚协作，共创未来。这么多年，新景界的同仁脚踏实地，共同建立起不一样的企业形象：一样的旅游，不一样的服务；一样的旅游，不一样的感受；一样的旅游，不一样的新景界。

2000年，深圳中国国际旅行社率先在全国国旅系统、广东省、深圳的旅游企业中实行企业股份制改革，并更名为“深圳中国国际旅行社有限公司”，即由国营体制改为全员持股。

2001年，深圳中国国际旅行社有限公司开始品牌建设之路，实施自有品牌的建设推进战略，成功推出“深圳国旅新景界”，并最终过渡到“新景界旅游”品牌。由此，深圳国旅新景界成为深圳旅游市场唯一一家拥有自主品牌的“国字号”旅行社，在全国国旅系统里都是具有“敢为人先”的品牌意识革新先行者。2002年，在国内旅游界第一个推出“品质旅游”运动；同年，“深圳市百事得导游服务有限公司”成立，以加强导游管理和提供专业导游服务。

2006年4月，新景界与深圳航空公司实行强强联合，设立专门从事国内旅游服务的“深航假期”；2008年在此基础上合资成立“深圳深航假期旅行社有限公司”，进一步向专业化的国内旅游公司迈进。2006年6月，新景界设立专门从事商旅服务的“深圳新景界商务旅行社有限公司”，该公司成立不到一年就跻身国内百强社。2011年，为适应发展需要公司更名为“新景界国际会议展览有限公司”。2006年10月，新景界设立专门从事日韩旅游服务的“深圳新景界东旭旅行社有限公司”，还在日本大阪和东京成立新景界东旭分公司。

2006年，在深圳旅游局和香港旅游发展局指导下成立专业运营港澳旅游的分公司——深圳旅游集散中心，并成为深圳及全国最具规模、最专业的港澳旅游服务商。2008年，全资子公司香港旅游集散中心成立。

2010年，公司斥巨资在深圳中心区免税商务大厦裙楼2楼建立首个旅游4S体验中心——新景界国际旅行体验中心，体验中心面积800多平米。体验中心成立后，先后举办过“世界上最好的工作”获得者澳洲大堡礁护礁人Ben Southall深圳见面会、国内知名摄影记者澳洲北领地代言人梁子“丛林中的神话”分享会等各种沙龙分享活动。

2011年，湖南新景界、湖北新景界公司正式开业，开启新景界全国发展的新步伐。

史良洁：吴总怎样看待《旅游法》的出台实施这三年？

吴斌：我认为《旅游法》的实施是好事，对旅游行业有促进和规范作用，有一个阵痛的过程，但是可以规范旅游市场，让旅游逐渐回归到理性。

史良洁：目前，市场上呈现旅游价格上涨、游客观望、市场趋冷的局面，国旅新景界的情况怎样？

吴斌：过去存在不正当价格竞争，有些旅行社为赚钱，不是专心做品质和服务，而是挖空心思想怎样降低团费，把消费者吸引过来，然后就到指定购物点“宰”游客，导游、领队拿回扣，也正是因此才出现“零负团费”这个饱受旅游者诟病的现象。

这么多年以来，国旅新景界一直坚持直营的管理模式，虽然成本高，但是我们管理规范，每当出现重大调整，都能及时对应。

吴斌多次参加深圳市政协会议，并在经济界别专业委员会发言

您看看（他打开公司的OA系统，让我能看清楚电脑显示的数据）我们每天的营业收入截止录入时间是晚上8点，总金额还有大幅度增加。我们每周有分析报告，往前看，与前几日相比较，现在明显上升了。

总体来看，我们的营业收入是上升的。您看，这个月上升了24.12%（又拿出笔记本，详细记录了经营情况。用图表、数据清晰标明了每一个月、每一季度、每一年的情况）。

史良洁：您的笔记本记录得相当详细。

吴斌：十年如一日，我坚持记录。现在有10本一样的笔记本（指了指身后的文件柜，摆放着10本规格一样、颜色一样的笔记本）。

我们再看看去年10月31日的图表数据（随手抽出去年的笔记本），

可以同今年的比较，是明显上升的。我还可以拿出前年的数据来比较。这样，我能全面掌握、了解公司的发展状况。

史良洁：这些电子数据有针对导游的管理数据吗？

吴斌：其实，导游是掌控着公司质量、是负责实施客人旅游全过程、是落实公司经营理念的最直接体现者。我们专门设有《质量周简报》，对每一个旅行团，实行全程质量监控。由游客、公司的专职质检员共同打分评比。

史良洁：你们配备专职质检员？

吴斌：我们投入较大的资金，设有质监部门，配备了9名专职质检员，编制每周、每月导游与客人反映的《质量评估表》以及旅行团《质量周简报》。这是对旅游团队的掌控，也是对导游的重视、关心。

史良洁：您是哪一年当选深圳市政协委员？有提出相关的导游议案吗？

吴斌：我是2005年当选深圳市政协委员。每一年都有提出不同的提案。

2010年，我在深圳市政协会上提出《关于对兼职导游从业人员实行基本薪酬保障和实施社会保险和医疗保险的建议》。

当时提出的主要理由是：我市持证导游从业人员总数有4500多名，分为专职持证导游和兼职持证导游两种。专职导游大多受聘于我市各家旅行社，人数大约近1800名，与旅行社签订劳动合同，有工资最低保障并参与社保医保。兼职导游目前主要是挂靠在我市5家导游中介服务公司，人数超过2500人。他们主要是与5家导游中介公司签订挂靠合同，导游中介服务公司主要为这些兼职持证导游介绍到各家旅行社担当临时带团导游工作，他们主要领取带团费用和客人的小费。由于是挂靠在导游中介服务公司，他们并非受雇于导游中介服务公司。因此，各家导游中介服务公司并无责任支付这些兼职持证导游基本工资保障，更无义务为他们购买社会保险和医疗保险。所以，全市2500多名兼职持证导游可以说是没有最低工资保障和社保医保的。他们已经在深圳这个全民有最低工资和社保医保保障的城市中成为了弱势群体。2008年市旅游局曾经牵头制定有关导游从业人员管理以及相关薪酬保障和社保医保有关制度，但由于涉及相关依法行政和其相关职能的约束，加上深圳个别新闻媒体的质疑，最终还是无疾而终。

因此我当时建议深圳市劳动社会保障局和深圳市文体旅游局尽快研究出台针对这些兼职持证导游从业人员相关政策，规范他们的基本薪酬保障，同时使这些为我市旅游业做出贡献、服务中外游客的来深建设者能得到应有的社保和医疗保障。

史良洁：这个议案的内容后来得到怎样的改进？

吴斌：改进不大，这些年现状依旧。希望《旅游法》的实施，能真正改进导游的切身利益。

史良洁：什么时候开始出现收取购物小费、回佣等情况？

吴斌：1985年开始可以收小费，有购物回佣。有了外汇券，在香港购买五大件带入国内转卖。20世纪80年代末、90年代初导游的额外收入逐渐增多，可以说是导游收入最多的黄金时期（笑）。特别是日本翻译导游，小费最多。

史良洁：20世纪80年代、90年代的导游都是属于公司的在职职员。什么时候导游从旅行社脱离出来？

吴斌：2000年以后，旅行社迫于经营压力，导游开始剥离出旅行社，出现导服公司来统一管理导游。因为旅游有淡季旺季，全年聘请太多专职导游成本太高，因此，旅行社逐渐只聘用少部分专职导游，其他导游都在导服公司注册管理。

2010年，深圳市政协姜忠副主席（中）
退休，委员献花后与她合照（吴斌 右）

史良洁：公司专职导游和社会导游的分配比例大概怎样？

吴斌：大概 20% 和 80% 的比例吧，我们公司专职导游 20% 左右，深圳专职导游大概 1000 多人。

史良洁：导服公司又是怎样管理导游的呢？

吴斌：导游在导服公司登记，缴纳一定的年度管理费。有了这样一个中介服务的机构，便于同旅行社交流，并负责导游派遣出团工作。

史良洁：深圳主要有哪些导服公司？

吴斌：主要的有深圳市中旅所属的中畅、国旅新景界的百事达、深圳宝中旅游的宝服公司等 10 家公司。

史良洁：导服公司给导游买社会保险等福利保障吗？

吴斌：导服公司只是中介服务机构，一般情况没有给导游购买社保等社会福利，但有意外保险。

史良洁：据了解，导游的收入构成大体上可以概括为“带团补助费 + 小费 + 购物回扣 + 行程外加景点”。这四项有三项不固定，会带来哪些不良后果？

吴斌：导游收入不稳定，变相转嫁到购物、外加景点等的回扣和回佣上。导致零团费、负团费的出现，也相应产生服务质量下降的状况。每到节假日，出现大量的旅游投诉，大多与强制购物、自费旅游景点有关。

史良洁：其实，这些现状的根源在于导游没有基本的收入保障。

吴斌：是。导游没有得到社会最基本的认可，比如深圳市社会保障局招调工工种里面，居然没有“导游”这个工种。

史良洁：这么庞大的一个群体，没得到社会认可。

吴斌：导游群体庞大，但是群龙无首，是一个弱势群体。

史良洁：那导游协会呢？

吴斌：导游协会的作用还比较有限。2013 年我去加拿大，了解到当地有成立“华人导游总会”组织，将所有的华人导游组织起来，可以同组团社、地接社、甚至当地政府谈判。前几年我曾同深圳导游协会的负责人谈到应建立规范的导游行业标准。

史良洁：《旅游法》第三十五条明确规定：“旅行社不得以不合理的低价组织旅游活动，诱骗旅游者，并通过安排购物或者另行付费旅游项目获取回扣等不正当利益。旅行社组织、接待旅游者，不得指定具体购物场所，不得安排另行付费旅游项目……”您怎样看待？对导游界有怎样的影响？

吴斌：《旅游法》所规范的是购物、自费、小费等问题。涨价是正常，涨得越高的线路说明过去越不正常，一些旅行团连成本都不够。比如东南亚游，价格低到2000多元，这个价格连支付签证费、机票费以及餐饮住宿都不够，肯定要从购物中贴补回来。以前团费虽低，但消费者被强迫购物不仅价格虚高，而且所购买东西的质量也无法保证。《旅游法》可以起到规范市场的作用。但是，还需要出相应的细则和时间，落到实处。

史良洁：2016年1月，国家旅游局提出了旅游行业的重大变革；5月，国家旅游局向9个省市旅游局下发《国家旅游局关于开展导游自由执业试点工作的通知》；8月24日，国家旅游局下发《关于深化导游体制改革加强导游队伍建设的意见》，其中关于导游职业自由化和导游证取消年审实现导游资格终身制。您怎么看？

吴斌：这是导游人员个人职业化的探索和尝试，本意是让社会、客人可以自己挑导游，让客人直接评价导游，减少导游对旅行社的依赖。取消年审，无非是交由社会、市场来做优胜劣汰。

史良洁：据我了解，2015年以来，新景界一直在提倡品质旅游，这个概念的由来是什么？

吴斌：新景界是品质旅游的倡导者，我们非常注重游客的身心感受，

“顾客满意只是及格，十分满意才是达标”。现在我们又提倡美好旅行，更是顺应当下全民创业与“互联网 +”的热潮，创造性地在全国率先采用“旅行顾问 +”创客模式进行运作。这种模式结合“线下专卖店 + 线上旅行顾问”，以一贯高品质旅游产品为核心，以互联网技术为支撑，将旅行顾问提至旅游服务的关键环节，使其更好地为游客提供一对一个性化服务，并最终形成互联网应用、产品、营销、培训、后勤全方位的立体体系。

史良洁：吴总，我们谈谈您的生活吧。

吴斌：我 1987 年结婚，1988 年当父亲。我的旅游是工作。因工作的缘故，去了 80 多个国家，只能说是到达了这些旅游目的地，不是旅游。去开会、考察，工作结束就返回。只是去过而已，没有旅游。去过庐山，没上过山；去过九寨，没进过沟。

史良洁：您的工作是旅游，还会找机会同家人一起去旅游吗？喜欢那些地方？

吴斌：工作 30 多年，2013 年 6 月是第二次休年假，与太太到加拿大自驾旅行。结婚 29 年，与太太出游不到 10 次。儿子小时候，我只带他去过一次华东旅游。说来惭愧，平时太忙。

史良洁：现在小孩在哪里工作？

吴斌：现在自己开公司，也是不愿待在体制内的人（笑）。

史良洁：同您当年一样，充满朝气，充满创业的激情。

吴斌：是喔（笑）。我支持他，让他去闯闯，年轻就是资本，无论成败，都是收获。

史良洁：平时有什么业余爱好吗？

吴斌：最大的爱好是海钓！ 20 多年来，一直爱好这项运动。海钓成为我生活的一部分，每个月必须出海一次。深圳海岸线早已跑遍，还

如今，吴斌（右四）经常亲自随团领航，寻味美食

去到中国南海，东沙、西沙海钓，在国外，有机会也去海钓。

史良洁：有遇到危险的时候吗？

吴斌：当然有。有时出海，遇到台风，出过很危险的状况。但是，惊险过后依然迷恋。

就山海而言，我个人更喜欢海。仁者乐山，智者乐水。其实，喜欢山还是海，是仁者见仁智者见智。总觉得天高海阔，让心胸开阔。而且，每天风景不一样，与大自然完全亲密接触，与大海搏斗，挑战自我。

史良洁：就如海明威的《老人与海》，顽强地搏斗。吴总接下来还有哪些规划？

吴斌：“不以见利为利，以诚为利；不以赚赢为赢，以信为赢；不以应答为答，以真为答；不以情念为念，以正为念。”我始终认为这是国旅新景界每一位员工都应谨记的商训。致力于为顾客创造开心、有价值的生活体验是我们不懈的追求。我有三大目标——第一，争取在我退休之年，实现公司营业额 100 个亿；第二，目前去了 80 多个国家，希望能抵达 100 个国家；第三，希望海钓到一条比我体重还要重的大鱼（笑）。

如今，吴斌被员工亲切地称为新景界老董事长，他仍保持着旺盛的精力，身体力行。2016 年 9 月，由新景界老董事长吴斌亲自担任“食好野·中国潮菜之乡”领队，走进潮州、汕头、揭阳探寻潮汕文化、美食。吴斌甚至重新举起导游旗，早早来到车站等候游客。2016 年 11 月，又走进澳门，开启“食好野澳门美食之旅”。从吴斌的身上，我看到的是永不停歇，永远斗志昂扬的生活态度。

“公司的前身是华侨旅行社，所以当时的任务主要是接待华侨、外籍华人、港澳台同胞和外侨。我们还接待过很多归国华侨来探亲或者希望回来建设祖国提前来考察的旅游团。深圳特区那时还谈不上有旅游景点，算得上旅游资源的只有深圳戏院和深圳水库，当时香港工会等的进步人士来深圳主要就是看深圳水库。”

黄文青

——导游是最好的职业，导游是民间外交大使

黄文青	1962 年出生
深圳市宝安中旅投资有限公司原总经理	
出生于深圳坪山，1980 年加入深圳市成立最早的旅行社——广东省中国旅行社深圳口岸社工作（即侨社），2005 年到广东省中国旅行社工作，2007 年加入宝中旅游。一直从事和旅游相关的工作，自称一辈子热爱旅游。 做导游时间：1980 年—1982 年	
采访地点：深圳市深南东路东乐大厦 8 楼宝中旅游办公室	

访谈录

黄文青，是我本书的第一个采访对象。2001 年 10 月，我任职深圳商报旅游版编辑，当时的旅游版主编黄平，带我拜访旅行社，走访的第一家是深圳市口岸中国旅行社（原为广东省华侨旅行社深圳口岸社），黄文青时任口岸中旅副总经理。可以说，他是我认识的旅行社第一人。

按照采访预约时间，我准时到达了位于深南东路东乐大厦的办公室。当我将整理好的图书编辑方案递给黄文青，表明了我的编辑思路之后，黄文青便侃侃而谈了。从他 1980 年考入华侨旅行社当接待员开始讲起。他的故事印证了中国旅游业的发展历程，尤其是深圳旅游的发展。从 20 世纪 50 年代开始，深圳几代导游的衍变……一个个精彩的故事，一个个鲜活的人物，在黄文青充满激情的讲述中，一一生动呈现。黄文青向我介绍了很多不同年代的导游，个个经历丰富，皆可纳入采访对象。

黄文青笑称："要完成这本书必须有李木胜、吴斌、黄文青这三个深圳旅行社业最有代表性的人物。我们三人能代表 20 世纪七八十年代深圳的导游，而 90 年代的导游大部分是像我们一样的老导游培养的。"

但是，我根本无法按照之前拟定的采访提纲进行采访。他滔滔不绝，已将整个中国旅游的大背景以及旅游状况等等，延伸开来、丰富起来……

到了午饭时间，我们还谈性正浓，黄文青太太打来电话问询午饭，黄文青便邀请我去他家里吃饭。他 80 多岁的母亲，亲自在家里包了饺子。于是，我的采访深入到了黄文青的家庭，又有了意外的收获。黄文青的母亲是深圳坪山本地人，20 世纪 70 年代末，响应政府号召，从惠州回来建设家乡，退休后安享晚年。黄文青的夫人，是与黄文青同一年进入华侨旅行社的导游，后又同在深圳市宝中旅游工作。饭后，我们一起寻找老照片，黄太热情地将过去的老照片搬出来，从 20 世纪 80 年代他们当导游时留下的青春靓丽的制服照，到这些年旅游中拍摄的家庭照片……一张张，不仅仅是宝贵的回忆，更是时代的写照。

当我问黄文青现在的岗位，黄文青马上回答："明天换了，明天负责深圳，负责投资。"黄文青的工作、职位一直在变，但他对旅游事业的情怀一直未变。

史良洁：请问您是哪一年开始进入旅游这个行业？当时是什么样的机缘？又是在哪一年开始做导游？

黄文青：1979 年我随父母由惠东县迁入深圳市。1980 年，我参加过深圳九龙海关、深圳市商业局和广东省中国旅行社深圳口岸社三个单位公开考试，最后选择了广东省中国旅行社深圳口岸社当接待员工作。

当时一共招聘了 100 多人，这 100 多人中能分配到旅行社当导游的只有十几个人，其他人被分配到客房、餐厅等部门工作，导游是最难考的。还有一些是华侨农场推荐来做导游的。

当时导游是最好的职业，海关待遇没有当导游好，我们都首选当导游。

史良洁：海关没导游好？

黄文青：是喔，当年的海关没有大檐帽。广东省中国旅行社深圳口岸社是中央驻深圳企业，属于国务院侨办直属企业，是对外接待企业（当时深圳是全国唯一的对外口岸），是中旅系统的对外主要接待单位。我们当时算是国家干部！那时口岸社规模也很大，有三四百人。1988 年改制后，划归深圳市政府，归属深圳市旅游集团。那时导游很牛！拿一包红双喜烟，在同学中很牛的（笑）！

史良洁：是面向哪些地方招考的？像现在的公务员考试吗？

黄文青：当时招考是各部门自主招生，在深圳招生，不是考公务员。

史良洁：那时深圳的旅游现状怎样？

黄文青：公司的前身是深圳市华侨旅行社，所以当时的业务主要是接待华侨、外籍华人、港澳台同胞和外侨。我们还接待过很多归国华侨探亲或者希望回来建设祖国提前来考察的旅游团。深圳特区那时还谈不上有旅游景点，算得上旅游资源的只有深圳戏院和深圳水库，当时香港工会等的进步人士来深圳主要就是看深圳水库。深圳戏院是 1956 年陶铸任广东省委第一书记时主持筹建，主要是给友好人士过来看革命样板戏的。

后来深圳提出发展“五湖四海一中心”，“五湖”指的第一个是深圳水库，第二个是西丽水库，第三个是银湖水库，第四个是香蜜湖水库，第五个是石岩湖水库；“四海”是指小梅沙海滨旅游中心、溪冲海滨工人度假村、蛇口海上世界、深圳湾大酒店（有个游乐场）。“一个中心”指的是旅游中心大厦，原定在中航旁边，但后来没有建成。再后来有了民俗文化村、世界之窗等主题公园。

当时，深圳罗湖口岸是全国唯一的对外开放客运口岸，进入中国的外国人主要是通过深圳中转。我们另一个主要任务就是引导他们坐火车到广州，中转到北京、西安、桂林等地旅游。

原香港中国旅行社总经理马志明，是深圳锦绣中华和民俗文化村的创始人。有了这些深圳的主题公园，才有了深圳旅游的发展。可以说，如果没有他们开拓深圳主题公园，就没有深圳导游队伍的发展壮大。

史良洁：主要是接待进来的游客，没有出去的游客？

黄文青：当然没有，当时国家不允许。

我们当时只做入境游。有了西丽湖后，深圳才有了国内游。20 世纪 80 年代，中国第一个机动游戏乐园是中山长江乐园景点，也是中国第一个主题旅游景点。口岸中旅组织了第一个国内游。再后来，又开放了沙头角中英街旅游，但需要办证。接着有了口岸中旅的国内旅游。

史良洁：当时我国的旅游现状怎样的呢？

上图：深圳水库

下图：西丽水库

黄文青：我国的旅游发展经历了一个漫长的过程。经历了从单一入境旅游到入境旅游、国内旅游两个市场，再到入境旅游、国内旅游、出境旅游三个市场的发展过程。

20 世纪五六十年代，我们还没有设立国家旅游局。当时完全是出于外交的需要，主要是接待友好国家的团体和友好人士，为其提供民间交往的便利，这就是现在所说的入境旅游。

1978 年，中国旅游业基本上是一张白纸。在这个背景下，邓小平从资源综合利用和经济产业高度，提出要积极发展我国旅游业。在他的积极倡导下，在改革开放政策的推动下，中国旅游业从 70 年代末开始崛起。但是，这个时期，没有好的饭店，有的只是一些老式招待所，也没有好的旅游专用汽车。

到了 20 世纪 80 年代中期，国家旅游局建立了旅游商贸公司，开始兴建了一批饭店，如广州的白云饭店、桂林的漓江饭店、西安的西安饭店、昆明的昆明饭店等；批建了合资的北京建国饭店、合作的广州白天鹅宾馆。此外，旅游商贸公司还进口了一批免税的大巴、中巴和小车。当时，我国入境游的主要路线只有几条，主要是京、西（部）、沪、桂、广。

到了 20 世纪 90 年代中期，入境游快速发展。到了 2012 年底，我国旅游创汇收入达到 482.16 亿美元，是 1978 年的 185 倍；星级饭店已达 1.4 万家，其中五星级饭店 700 多家；而旅游线路，也已经逐渐辐射到全国。

[国家家旅游局 2016 年发布数据显示，2015 年共有 41.2 亿人次国内或出境游，相当于全国人口一年旅游近 3 次。世界旅游业理事会把它放到 GDP 里面一比较，中国旅游产业对 GDP 综合贡献达到了 10.1%，超过了教育、银行、汽车产业。

罗湖口岸罗湖桥，联结着深圳站与香港九龙站

统计显示，2015 年，我国国内旅游突破 40 亿人次，旅游收入过 4 万亿元人民币，出境旅游 1.2 亿人次。中国国内旅游、出境旅游人次和国内旅游消费、境外旅游消费均列世界第一。国家旅游数据中心测算数据则显示，我国旅游就业人数占总就业人数 10.2%。]

史良洁：当时深圳有哪些旅行社？

黄文青：20 世纪 80 年代，深圳主要有 3 个旅行社，一是广东省中国旅行社深圳口岸社，后改名为深圳市口岸中国旅行社；二是广东省中国国际旅行社深圳分社，这两个都是驻深企业；三是深圳旅游集团公司，属于深圳市自己的旅游企业，1983 年成立。那时，旅游集团和旅游局

20 世纪 80 年代的黄文青作为接待员要着装统一

同一个单位，之前政企不分，是一家，一套牌子两个单位；当时国旅分社在罗湖山上，我们公司在山下，建罗湖口岸时搬走了一座罗湖山。

史良洁：当时导游的工作、生活状况、经济收入情况怎样？

黄文青：那时导游算得上是最好的职业。我们都是按国家干部招入的，属事业单位，主要是为统战工作服务，比地方的高一级。那时，大家一心都是为了国家的统战工作服务，从没想过赚钱。工资也很高，31.5元，只拿工资，哪里敢拿小费，从事着神圣的工作，为了统一祖国大业，我们充满激情。

一直到了1988年，企业改制，由事业单位改变为企业单位，导游的干部制编制也取消了。

史良洁：您做了几年专职导游？总体感觉是怎样的？

黄文青：做了两年的专职导游工作，当年的导游地位是很高，受人尊重。后来也一直管导游工作，也做导游带团，我经历了从入境旅游到国内游再到出境游的每一个发展过程。中旅系统组织的好多第一个团都是我参与组织接待的，如第一个出国团、第一个台湾团、第一个港澳游团都是我带的。

史良洁：还记得您带的第一个团吗？有些什么特别的记忆？

黄文青：记得20世纪80年代，当时国内穷，经济条件不好，物质缺乏，我带一个同事到香港出差，他为了买齐时髦的“三大件”，在香港走访了60多家乡亲，才凑齐了款项（笑）。

史良洁：当时的旅途情况怎样？

黄文青：当时一个团长的是45天，最短的团也要18天。

史良洁：为什么？

黄文青：当时国际、国内交通不发达，成本高。客人来一次不容易，如深圳到广州坐汽车要7个多小时。常规的广州、桂林、华东、北京团都要 18 天。如果加上西安就要 22 天，在这基础上加内蒙等地方就是 45 天了。我带过几个 45 天的团，交通、住宿条件差，走一个团下来把人都累得散架了。

当时，我们做全程陪同，还要每天做记录，掌握了解客人的活动情况，防止特务搞破坏。每个团是两个人带团，一个是国安局的，一个是导游全陪，每个地方要到派出所汇报。有当地外办的来检查。据说 20 世纪六七十年代更严格，80 年代要少一些。

我们中旅负责接待华人华侨，超过四分之三的华人由我们负责。国旅负责接待外国人。他们来一次不容易，会游遍中国。

史良洁：45 天团费多少？

黄文青：那时是在国外收费，国内收费很便宜。而且，那时我们另一个任务是为国家创造外汇收入，不是以营利为目的。据说当时如果旅游局年创汇达到 8000 万就给旅游局升级，所以都很努力。

20 世纪 80 年代我们就经常去香港和世界各地的各大旅游展会参展，推销我国的旅游资源。当时中旅、国旅、青旅一起去推销。

史良洁：去的人多吗？

黄文青：中旅参展团最大规模的一次去了几百人，展位两万多平方米。我和杨德祺就是负责推广的，我们的整套工作很规范。

史良洁：有老照片吗？

黄文青：杨德祺那里有。他负责的，很多文字都是通过手工刻画，照片都是他自己冲印的。

史良洁：中国旅行社什么时间成立？

黄文青：中国旅行社是 1921 年成立的，是中国第一家旅行社，是上海汇丰银行的客服服务中心，创始人叫陈光甫，他的塑像现在台湾花莲。新中国的第一家旅行社是华侨服务社，因为福建籍华人在东南亚的华侨最多，他们经香港回国。为了接待福建籍的华侨，福建省在深圳设立办事处，深圳口岸中旅社的前身就是厦门华侨服务社深圳接待站，1949 年改名华侨旅行社。据前辈介绍，1972 年，尼克松访华时，向周恩来总理提议，不能用华侨旅行社接待外国人士及外籍华人，因为他们是美国公民，不是华侨。因此便在华侨旅行社的基础上增加中国旅行社牌子，接待外籍华人。改革开放前中国只有两家旅行社，中国旅行社和中国国际旅行社。我们说的四种人是外籍华人、华侨、港澳同胞和台湾同胞。改革开放后有了青年旅行社，接待国外青年人；后来残联成立康辉旅行社；妇联有了中妇、职工国旅等，中央各部委都有了自己的旅游机构。

当时还没有成立国家旅游局，国旅系统归外办管，中旅系统归侨办管，廖承志时任侨办主任。有些地方华侨不多，没有侨办，就是外办一起管。很多爱国老华侨、爱国人士都是通过侨办回国。

史良洁：当时的导游起什么作用？

黄文青：我们当时叫接待员，要求很严格。既是讲解员、又是安全员、宣传员、服务员、保卫员，还是保育员、民间外交大使等，主要是搞外事接待工作的。周总理说过，外事无小事，事事要请示。到 1985 年以后，作为安全员的职责才慢慢减轻。

史良洁：导游在这些年有哪些不同的变化？

黄文青：我个人认为分三个阶段：

1950 年到 1986 年导游地位很高，是从事外事接待工作的，是一种神圣的工作，是坚决不收小费的，婉谢不了的礼品也必须上交。我们当时的导游服务非常负责，服务很规范。特别是深圳口岸中旅，我们是旅行社第一个穿西装打领带戴大檐帽的，不像现在随便穿件 T 恤，穿条牛仔裤就上车带团了。旅行社服务也是非常到位的，除一个导游服务讲解外，还有专门的行李车和行李员负责把客人的行李运送到房问，游客完全不用管。在客人还没来时，我们已经写好客人的名牌。

1987 年到 1993 年，导游“发财”的多（笑），经过近十年的高速发展，入境团队不断增加，各地出现了旅游购物店，导游开始拿回扣，换外汇等其他收入，导游拿的其他收入多，渐渐根本不在乎旅行社给的微薄工资。

1994 年至今，导游生活越来越艰辛。购物回佣常态化下，回佣也就作为团队收入的一部分，旅行社又不管这些收入，自然就转嫁到导游身上。导游没有了保障，情况越演越烈，便出现了“黑导游”，导游是作为特殊行业特殊管理，后来推给社会来管理，便形成了导游服务公司。其实，推出导服公司就是想规范市场。

史良洁：你们可以代表中国 20 世纪 80 年代的导游吗？

黄文青：虽然现在深圳大多旅行社负责人都是从导游成长起来的，但是不能完全代表。20 世纪 80 年代中国的主要旅游城市是北京、西安、上海、杭州、桂林等，深圳只是中转，我们只能代表改革开放的一部分。深圳当时没有什么旅游资源，同北京和西安等旅游城市没法比。当时的八大组团社就分布在北京、上海、陕西、浙江、福建、广东、江苏、香港等地。中旅最强的是福建、广东，国旅最强的是北京、西安、上海、江苏、浙江。旅行社规模不大，导游队伍就不可能发达。组团量多、接待发达，导游才有发展。

同时，深圳民营运营旅行社的风云人物也很多。如早期的陈玉林（现深圳市宝中旅游董事长）、梁俊（现深圳市世纪假日国际旅行社董事长）等经营的入境旅游市场，宋斌（现深圳市海外国际旅行社董事长）、李思勤（现深圳市华美国际旅行社总经理）、陈翰生（现深圳市特色国际旅行社总经理）等经营的出境游批发市场，创造了很多全国第一。深圳

20 世纪 80 年代参加旅游展（第一排左一杨德祺，第二排左一黄文青）

的旅游变革历史也离不开他们。

史良洁：怎样的机遇下转岗位的？

黄文青：1996 年前我只是一个业务型的管理人员，作为业务型的管理人员我个人认为只是把相关人员服务好即可。1996 年之后由业务型管理人员转型管理型管理人员，管理型的管理人员是需要综合素质的，除需熟悉本业务的专业知识外，更需要了解精通政策法规，具有敏锐的市场洞察力，能够把握未来的发展趋势，熟悉掌握事物的自然规律，积极面对实际的现实情况，做到完全掌控各个环节，平衡各方的既得利益，强化细则管理。

30 多年来，从小组长到每个部门经理，两年一变，经历了无数变化。我历任旅行社各部门经理（导游、计调、外联、车队）荣升副总经理以上高层管理职位后，分管过行政、财务、运营、营销、策划、推广等。总之，经历及主管过旅行社各个环节的工作，做到立足专业，领先行业。我可以说，见证了深圳旅游的改革和中国旅游的体制改革。

史良洁：你成功地由业务型转向管理型。当时国内旅游开始发展了吗？

黄文青：随着国民经济的发展，国内居民所拥有的可支配收入和闲暇时间增多。特别是 1995 年 5 月 1 日，我国实行 5 天工作制；1999 年新的《全国年节及纪念日放假办法》规定，将春节、五一、十一的休息时间与前后的双休日拼接，形成 7 天长假“黄金周”的正式诞生；以及 2008 年《职工带薪年休假条例》正式实施，增加了清明、端午、中秋三个“小长假”等规定，使得国内旅游迅速发展，形成了外出观光度假的旅游热潮。2016 年国庆假期，全国接待游客 5.93 亿人次，旅游收入 4822 亿元，国内旅游业的高速增长不但成为我国旅游产业的主要经济增长点，也已经成为许多地方新的经济增长点。

史良洁：我第一次出国是 1998 年 11 月，就是参加你们口岸中旅的旅行团去马来西亚和新加坡。价格很优惠，以至于我父亲担心我们上当受骗。当时新马泰旅游现状是怎样的？为什么价格如此优惠？

黄文青：20 世纪 80 年代末、90 年代初，新马泰旅游开始。到 1992 年底，我国只与新加坡、马来西亚、泰国等少数几个国家签署了《旅游目的地国地位谅解备忘录》。国内游客要去这些国家旅游，必须通过旅行社组团前往。当时新马泰旅游价格需要 18000 多元，单一泰国需要 8000 多元，价格相当高。

史良洁：这么贵？

黄文青：因为国家外汇管制，也是为了积累国家外汇储备。游客出国都不允许携带外汇，当时都是在境外付款，由境外的亲友支付费用，支付到各国各地的中旅。

史良洁：为什么 1998 年价格那么优惠？

黄文青：1997 年 3 月，经国务院批复，国家旅游局、公安部联合发布了《中国公民自费出国旅游管理暂行办法》，并于 1997 年 7 月 1 日正式实施，这标志着我国正式开放中国公民自费出国旅游。当时国家旅游局允许全国 90 多家国际旅行社组团出国旅游。深圳众多旅行社积极开拓市场、占领市场，及时推出了一些特惠出国旅游产品。当时新马游职工价 3380 元，后来逐渐降低，降到了 980 元。

史良洁：说起来，我也算是深圳第一批吃到优惠出国游“螃蟹”的游客。但是，如此优惠怎样盈利呢？

黄文青：当时每个游客可以用护照换 1000 美金外汇，我将游客的护照收起来，统一去换外汇，用中间的差价补贴团费。因此游客的团费价格优惠了，我们旅行社也可以有部分利润了（笑）。

史良洁：后来，新马泰旅游更夸张地出现了零负团费，又是基于怎样的背景产生的呢？

黄文青：零负团费的祖师爷是欧美，20世纪50年代传到澳洲，再传到中国台湾，以及东南亚，然后传到中国香港，内地又跟香港学。主要是通过购物等自费项目来填补利润，澳洲的用车等都是由购物点提供。

史良洁：遇到记忆深刻的突发事件吗？怎样处理的？

黄文青：这些年遇到几个大的事件，但我对未来、市场、政策的方向是有预感的，每一次转型升级做得快。

30多年来中国旅游发展也经历了几个阶段，大至可分为1980年—1989年、1989年—1997年，1997年—2008年，2008年至今。

这期间，遇见几个大事件，其一是1979年伟人邓小平在深圳画了一个圈，中国走向国际市场，以香港为主的港澳台同胞纷纷回国回乡探亲、旅游、商务。中国旅游得到快速发展，每年翻倍或2位数地增长；但1989年之后，入境游基本停滞。二是1994年浙江千岛湖烧船事件，台湾游完全停滞，当时旅游业损失十几个亿。三是1997年，金融危机。四是2003年“非典”，全行业停顿。五是2010年的“国八条”出台，政府、企业组团旅游锐减。我长年跑市场，每一次大的事件发生时，我转变快，都能积极应对。

1986年台湾老兵可以回大陆，我立即开始做台湾市场；1989年我做台湾回大陆探亲游，应对了入境游基本停滞的状况；1992年，中韩建交，我开始做韩国游。千岛湖烧船事件，台湾游几乎停滞时，我们的韩国游很热；1997年，金融危机时，我们做香港团；2003年“非典”，我们策划了“深圳人游深圳”。可以说我敏锐地预测到问题，渡过了一个又一个难关。

史良洁：导游证是哪一年开始执行的？

黄文青：当时我们的工作证是外事办发的，比什么证都好使用，最威！比海关证、记者证都好使用。香港团增加后，我们中旅总社自己培训，中旅总社发放了全国第一批导游证。可以说中国第一个导游证是中旅发的，是中旅系统内部的证。

深圳最早的导游证是我们公司发的工作证。1983 年，深圳西丽湖度假村对外开放，深圳开始有了职业导游。

随着旅游业的快速发展，国家旅游局批准了全国 56 家组团社，开始实行导游证。

史良洁：什么时候出现旅行社承包？

黄文青：20 世纪 90 年代出现。经营权给你，自营自销，除了承包费上交后剩余的利润就是自己的。

史良洁：《旅游法》出台并实施 3 年多，您怎样看待？

黄文青：《旅游法》是让旅游回归到理性。相对其他法律，《旅游法》最后一个出台。这也是从计划经济走向市场经济的一个必然过程。计划经济走向市场经济，一步一步，30 年，才走到《旅游法》。旅游市场终究要回归到理性，走品牌，做高端，走市场。我们希望《旅游法》规范市场，希望取消许可证，资质可以共享，一个证全国通用，我们将如虎添翼。2015 年 12 月 31 日旅游市场完全开放，康泰已经进入深圳了。

《旅游法》刚出台半个月，宝中旅游的营业收入在增加，深圳增长 11%，福州增长 35%，厦门增长 40%，安徽增长 150%。没有受到冲击。

史良洁：是基数本来就低吗？

黄文青：基数不低。就说明我们本来就规范化经营，不做零团费。

史良洁：哪些受到的影响比较大？

黄文青：北京、上海组团社很规范，《旅游法》出台对他们影响不大，他们早就规范了。深圳国旅新境界也不会受影响，十几年了一直做规范经营做品质游。主要是那些以承包代管理的零团费的小旅行社受影响大。低端的、不规范的旅行社会受影响。

因“国八条”的影响，那些靠公款旅游靠关系旅游支撑的小旅行社受到的打击最大。北上广以品牌为主市场经济主导的旅行社影响不大。旅游不是做关系营销，要做品牌，从深圳制造到深圳创造也是一样的，就像苹果手机一样。

都知道天上不会掉馅饼，但是一些消费者不理性的消费观念，让低价团得以生存下来。

史良洁：《旅游法》限制了旅途中的购物行为？

黄文青：《旅游法》不是反对旅游购物，是反对拿回扣。旅行社可以拿正常合理的佣金。回佣是合理的，是市场认可的相应比例，回扣是乱来的。

但是，现在的问题是我们没有办法界定佣金与回扣，市场没有统一的规范鉴定。譬如在美国酒店，不放小费是不给你搞卫生的。导游没有基本的待遇，于是出现没有佣金的店我就不带游客去的现象。

而我们那时有加班工资、加时工资、高温补贴、差旅费等，还有凉茶补贴，一个月 3 元。都有明确的标准，计算得很精确，很完善。只有大国企才有这些。那时团费高，是价高质高。

1985 年之前导游是干部，拿工资。之后企业改革，事业单位企业管理，转为企业，导游是企业员工，不再是干部。随着市场经济的变化，开始收小费了。后来逐渐什么都没有了，导游连基本工资都没有了。我们国家实行 8 小时工作制，导游不可能 8 小时工作制。在美国，超过 8 小时司机不开车了，只有付小费才会再开车。我们的导游不可能 8 小时，怎样算加班工资？不可能中途停下来。24 小时服务怎样算加班工资？在酒店客人生病连夜去医院，算不算加班？中午还在爬长城，怎样计算高温补贴？空姐有高危补贴的，导游坐飞机却没有。

20 世纪 80 年代，黄文青（右二）带着客人游览长城

旅行社有义务带游客去当地购物。我们也不希望低团费、零团费，我们希望高质高价，所以叫回归理性。

史良洁：怎样看待您的旅游人生？

黄文青：干一行爱一行，生是旅游人，死是旅游鬼。坚持下来，有几十年的奋斗积累才有成功。

史良洁：请问您老家是哪里的？

黄文青：我是深圳本地人。我父母从深圳到惠州工作，后来深圳建市，鼓励深圳本地人回深建设，我父母便从惠州回到深圳工作，他们已退休。

史良洁：家里有其他人也从事旅游、导游工作吗？

黄文青：我同妻子是同时期进入侨社的，我们是同事，我们年龄相同、同一年进入口岸中旅。深圳市口岸中旅改制后，她买断工龄离开公司，现在深圳市宝中旅游。

史良洁：您夫人现在主要做什么工作？

黄文青：她做业务，主要是友情客串一下亲戚朋友的团，主要精力是带外孙（笑）。

史良洁：您女儿呢？

黄文青：女儿20多岁当了广东中旅惠州公司的总经理，我想培养她，但她不愿意，现转行了。

史良洁：积累了资金后做了哪些投资？

黄文青：我有很多机会可以发大财（笑），但是我的本性和原则性让我不能唯利是图。始终本分地为公司的利益服务，没有积累到第一桶金（笑）。2005年，我服务多年的深圳市口岸中旅改制，我才离开这个国有企业。

离开口岸旅行社后，2005年投资搞广东中旅惠州旅行社，不是太成功。2007年到深圳市宝中旅游，作为股东之一，并出任投资公司总经理。

这些年虽然没有赚到大钱，但是能心安理得面对一切。

史良洁：从业36年，最困难是什么时期？

黄文青：最困难时期是2008年，检查出癌症。当时住院半年，有家人朋友同事的陪伴、鼓励，我奇迹般地好了起来，又积极地投入到深圳市宝中投资公司的全国布局工作中。

史良洁：主要是您这种积极乐观的态度、坚持不懈的精神治愈了您的病，而且一直值得我们尊重。

黄文青：应该是，我一直是乐观积极地面对一切。

史良洁：大江南北、各大洲都去过了吧？喜欢哪些地方？

黄文青：还是更喜欢国内，国外哪有国内美呀？可能因为我语言不通，又聋又哑（笑）。

史良洁：您的工作是旅游，还会找机会同家人一起去旅游吗？

黄文青：出国去就是为了工作，一展览完我就回来。古迹没有中国的古。民俗哪里没有？埃及的古迹古老，没有我们中国古老的雕龙画凤美。我们一到迪拜就不一样了，金碧辉煌，奢华之极，因为没有见过。迪拜的车真豪华，想着能带两辆回家就好了（笑）。主要是因为有差异才有兴趣。

为了工作和为了生活不一样。现在有业余时间就带外孙，享受天伦之乐。

“

我带的第一个团是 1980 年的一个泰国华侨华人团。整个行程有十几天，记得去了北京、重庆等地。组织安排两个人带团，另外一个是部门主管。我俩每天除负责日常服务、陪同等工作外，还有一个任务，就是要观察每一个游客的一举一动，有异常情况要及时汇报，当时政治敏感性很强。

”

柯旦华与李英英

——是导游，更是一直在路上的金牌旅游达人

柯旦华	1960 年出生
退休，兼职导游、领队 做导游时间：1978 年 4 月至今	
1976 年高中毕业后下乡到深圳南头。1978 年加入侨社，一直从事导游工作。曾在深圳旅游协会，后又回到旅行社负责行政、综合部做业务做市场；1994 年到港澳旅游部，2000 年任港澳旅游中心副总经理，至今仍然偶尔带团。	

李英英	1958 年出生
深圳市宝中旅游公司门店管理部负责人 做导游时间：1978 年 4 月至今	
高中毕业下乡，作为知青于 1978 年 6 月招工进入侨社。1986 年开始做航空机票代理，1996 年调销售部管理门店。2005 年深圳市口岸中旅改制后，到深圳市宝中旅游，现在负责门店管理。	

采访地点：深圳市深南东路南方大酒店 9 楼尚缘素食茶馆

20 世纪 80 年代，柯旦华与父亲柯子长在一起

柯旦华（人称华姐）1978年进入深圳市口岸中国旅行社，至今还一直坚持在导游岗位上，是相当值得书写的。第一次拨通柯旦华的电话，传来一个直爽、风风火火的声音。自我介绍后，她爽朗地说，“喔，史良洁，我知道！黄文青给我说了！但是，我明天去日本喔，18号回，回来后有几天时间，我们再联系！”干练、利索的第一感觉。

第二次电话预约好，中午共进午餐。她还约上同时期的老同事李英英（人称英姐），说两人可以互相补充。这给了我意外的惊喜。

我比预定的时间早了一点到达，华姐电话里说她在公共汽车上，还有一站，马上到。不一会儿，瘦瘦的、柔弱的小女子样的华姐到了，一身休闲打扮，背着环保的蓝色花布包，与电话中听到感觉到的完全是两个人。一身黑衣短裙、知性女人英姐，下班后也到了。黄文青听说我们相聚，也要参加。几十年的姐弟缘、同事情，让这次采访氛围十分欢快、热闹，内容丰富，情感更丰富。

史良洁：华姐，您一直在做导游，令人佩服，您是哪一年开始进入旅游行业？

柯旦华：我是1961年随父母从潮汕来到深圳。那时还不到一岁，算是在深圳长大的深圳人。1976年高中毕业后知青下乡到深圳南头。

史良洁：当时深圳南头是怎样的？

柯旦华：完全是农村，到处是农田。

史良洁：什么时间结束下乡？

柯旦华：1978年4月进入深圳市华侨旅行社（简称“侨社”）。我父母都在侨社工作，我是单位弟子，按照当时的政策，回到侨社工作。

20世纪50年代，我们旅行社叫华侨接待站，后来改名华侨旅行社，简称侨社。罗湖火车站附近的那条街都属于侨社，于是变成了标志性的地名，后又改名深圳市口岸中旅。

黄文青：当时侨社可威风了，那一片地域除了有一个海关，其他全属于我们侨社。

史良洁：您进入侨社的什么部门？

柯旦华：我当时进入接待部。我们侨社是属于国家侨办的下属机构，外事办的机构，级别很高。主要接待华侨、外籍华人、港澳台同胞和外侨（俗称四种人）。

史良洁：当时的旅游现状怎样？

柯旦华：当时回国人员大多是政府相关部门邀请的友好人士。每一个团，相关部门都提前安排好行程、交通工具等等事宜。我们负责在罗湖口岸接待，偶尔也去带旅行团。

我们的工作很细致，在酒店帮忙拿行李，我们会提前在每一件行李上贴上标签，写上客人的名字。

李英英：我们当时若要带团了，会提前准备好相关景点的资料、做好功课，非常认真对待每一个团每一个客人。

史良洁：总体感觉怎样？

柯旦华：我们的工作是神圣的，旅游是外交的一部分，外事无小事。虽然工作辛苦，但有一种精神上的满足感。当时国家基础条件不好，硬件设施不完善，我们还是要尽量将最好的一面介绍给客人。

李英英：我们算国家干部，工资待遇很高，社会地位也高，还统一制服。

史良洁：当时没有高速公路，没有好的星级酒店，交通、酒店、饭店等设施条件都不完善。

柯旦华：1959 年，建国 10 周年，作为周年献礼，全国兴建了十座华侨大厦（酒店），一直是那时最好的接待点。

20 世纪 70 年代前，五层高的华侨大厦是宝安县最高最豪华建筑之一，是接待外宾、华侨的地方。这是 1982 年经改造后的华侨大厦

访谈录

史良洁：还记得您带的第一个旅行团吗？

柯旦华：我带的第一个团是在1980年，泰国华侨华人团。整个行程有十几天，记得去了北京、重庆等地。组织安排两个人带团，另外一个是部门主管。我俩每天除负责日常服务、陪同等工作外，还有一个任务，就是要观察每一个游客的一举一动，有异常情况要及时汇报，当时政治敏感性很强。

我当时20岁，个子瘦小，在重庆入住酒店时，走在最后。酒店工作人员居然对我说："去去去，小孩子走开——"他们竟然以为我是外面跑进酒店来玩的小孩（笑）！我大声告诉他们：我是领队！

李英英：我第一个团也是去了北京，我当时20岁，个子也是很瘦小。当地人也以为我是小孩（笑）。

史良洁：其实重庆人也不算太高啊（笑）。

柯旦华：可能当时我太瘦，个子太小（笑）。

史良洁：你们这么远的行程，需要坐飞机吧？

柯旦华：要坐飞机。十几天的行程汽车、火车、飞机都坐了。那时，买飞机票还需要单位证明，很严格。记得在重庆机场遇到飞机延误四小时，觉得好奇怪，简直是天方夜谭，飞机竟然会延误（笑）？！现在是常发生的现象。

史良洁：最难忘的记忆是哪件事？

柯旦华：20世纪80年代，年近中秋时节，带一个南美委内瑞拉华侨团去钱塘江观潮。动物园是游客参观的一个主要景点，在动物园，那些孩子第一次见到大熊猫，特别兴奋，都喜欢憨态可掬的大熊猫，同大熊猫说个不停，孩子们的那份天真给我留下深刻的印象。美好的事物是人人都向往的。

史良洁：遇到记忆深刻的突发事件吗？

柯旦华：现在您提到突发事件，首先我想到的是，前几年发生在罗湖口岸的游客滞留事件。当时有几百人持异地签注港澳通行证，准备前往香港。但是，突然接到有关部门通知，严厉禁止持异地签注证前往香港。于是，正准备过境的游客，全部无法通行，几百人滞留在罗湖联检楼，不过最后都过去了。

史良洁：现在全国允许 43 个城市满足条件的非本市户籍人士本人去办理网上异地续签。而且 2016 年 9 月 13 日，微信宣布上线异地续签港澳通行证服务。

史良洁：当时做导游需要培训吗？您接受了哪些培训？

柯旦华：1984 年和 1985 年，中旅总社委托福建泉州华侨大学举办了两届在职员工大专进修班。我是第一届学员，学习两年。来自全国的学员分成两个班，主修旅游经济管理。第一届我们公司派了 3 人参加进修，我们是带薪学习。记得当时我们的工资 200 多元，比学校的校长、教授工资还高。

史良洁：你们工资比校长、教授工资还高？

柯旦华：是喔。我们当时工资加奖金和补贴有 200 多元。

黄文青：我们的工资是相当的高！您知道吗？ 20 世纪 80 年代，我结婚时已经是万元户了！呵呵……

史良洁：进修毕业后，您回到侨社吗？

柯旦华：我们是单位派去进修的，必须回原单位。回来后，侨社派我到了旅游协会，也就是现在旅游局的前身。

史良洁：那么旅游局也有一个衍变的过程。

黄文青：当时，深圳旅游集团是深圳八大集团之一，级别比旅游局高，后来，旅游局解散。但是，许多工作无法开展了。深圳侨社（两个牌子一套人马：深圳华侨旅行服务社及深圳中国旅行社）当时的老总李

入行没多久的柯旦华青春洋溢

基建议，向香港旅游协会学习，成立深圳旅游协会。政府还是相当重视，旅游协会秘书长由市委副秘书长兼任。后来，旅游局归到市贸发局的旅游处，再后来，才又独立成立旅游局。

史良洁：在旅游协会工作了多长时间？

柯旦华：一年多。

史良洁：为什么离开？

柯旦华：一方面是旅游局归属到贸发局，另一方面，觉得工作按部就班，太沉闷、太单调。我喜欢自由，回到公司，做业务、出游带团，更精彩。

史良洁：回到公司后，又在哪些岗位工作？

柯旦华：先在办公室，后到综合部做业务做市场；1994年到港澳旅游部，2000年任港澳旅游中心副总经理。这期间，一有机会就去带团。从2009年开始，我专职带团；2010年退休后，选择性地带团，一直到现在。

史良洁：从1978年到现在，38年，不容易！你什么时候拿的导游证？

柯旦华：最初，我们的工作证是最好的证件。

随着旅游的快速发展，国家旅游局批准了全国56家组团社，开始执行导游证。20世纪80年代末、90年代初，深圳成立了深圳西丽湖旅游学校，开始培训导游。

因为我是泉州华侨大学旅游管理毕业，在深圳西丽湖旅游学校培训后，不用考试，直接发放了导游证。

史良洁：您父亲是“老侨社”，他给了您怎样的影响？

柯旦华：我同父母和小妹都在侨社，都是旅游从业者。父母对工作的热忱感染了我们。

史良洁：有特别最喜欢的旅游地吗？

柯旦华：最喜欢哪里说不上，情感度和认知度不同，不同的地方有各自不同的精彩。

史良洁：带团闲暇时做些什么？

柯旦华：带团时较忙，24 小时要准备服务游客，最早的游客一般经济条件好，但是很多规矩不懂，得依赖导游。只有在机场候机时有较少的时间看书。现在网络发达了，到处都有 WIFI，一般是上网看新闻等。

史良洁：华姐的英语也不错吧？

柯旦华：算一般吧，在国外基本沟通没问题。

史良洁：工作之余，还会找机会同家人朋友一起去旅游吗？

柯旦华：我喜欢旅行，也喜欢摄影，在旅途中充实自己，喜欢在路上的感觉，自由自在。1985 年，我同英姐等 4 人背包旅行，顺着走丝绸之路旅行，全程 30 多天，记忆犹新。

史良洁：是利用在校进修的假期旅行。路途艰辛吗？

柯旦华：是喔。坐了一趟飞机，回来时，从兰州到广州。当时坐飞机需要单位开证明。其他的火车、汽车、轮船都坐过。为了节约支出，我们算计着尽量将交通安排在晚上，真是夜伏日行，一般是行程入夜刚好能在火车或者轮船上，尽量减少入住旅店，白天就玩。

史良洁：你们当时旅游线路是提前设计好的？

李英英：那时香港有较成熟的丝绸之路旅游线路资料，我们借鉴香港中旅的旅游资料，自己做好行程才出发的。所以提前设计好了，晚上在火车上或轮船上（笑）。

史良洁：遇到什么特别的事件吗？

柯旦华：我印象最深刻的是，我们遇到什么交通工具都乘坐。公共汽车、货车、农用车、拖拉机等等都坐过。当地人很友好，我们招手，他们都会停下来。遇到赶集，当地人鸡鸭鹅鱼什么都带在车上，我们同他们挤在一起，又紧张又好奇。

20 世纪 80 年代初，柯旦华（右一）与好友在九龙海关前留影。

李英英：经过这次旅行，对我的影响特别大，可以说改变了我的性格。之前，我很内向，不敢大声说话，很腼腆。经过那次三十多天天马行空的旅行之后，我变得开朗起来。这也是最大的收获吧。

史良洁：当时你们一共花费多少？

柯旦华：30 多天，我们 4 人平均每人花费 800 多元。

史良洁：1985 年，800 多元是相当多了。

柯旦华：差不多是我们四个月的工资。值得！收获很大。

史良洁：哪一年开始组团内地游客到港澳旅游？

柯旦华：1993 年，我第一次带内地游客到香港旅游，之前都是接待从香港来的客人。

史良洁：您第一次出国是什么时间？带的第一个出国旅游团是到哪里？遇到什么特别事件吗？

柯旦华：我第一次出国是 1992 年初，去泰国新加坡。1994 年底拿到澳大利亚旅游护照签证，准备带一个 30 多人的团去澳大利亚。可是，临行前，发生了一个中国旅行团 30 多人全部滞留澳大利亚，只有一个领队回国的严重事件。于是，澳大利亚领事馆严格资料审查，我的这个团最后只有 12 人获批旅游签证，16 人才能成团，才可免一个领队的机票和住宿费，无法按照常规组团。后来，他们自己去探亲访友了。

史良洁：您也放弃了去澳大利亚的旅程？

柯旦华：没有。反正我的签证下来了，1996 年，我独自去澳大利亚自由行，玩了四十多天，当时有朋友接待。

史良洁：我第一次出国是 1998 年 11 月，就是参加你们口岸中旅的旅行团去马来西亚和新加坡。价格很优惠，之前我同黄总也提及这件事。你们还记得当时的旅游现状吗？

柯旦华：记得！当时新马泰旅游价格 18000 多元，单一泰国需要

8000多元，价格相当高。可是，后来价格越来越低，甚至出现了负团费。1998年，是黄总一手策划的价格优惠战。记得当时新马游职工价3380元，后来逐渐降低，甚至有些旅行社推出980元的低价。

史良洁：零团费、负团费的出现，导致购物等自费项目的不合理化，引发导游和游客双方的矛盾。你们有遇到什么特别事故吗？

李英英：有一次我带的一个内地团去新马泰旅游，团友年纪较大，经济条件很好，在新加坡、马来西亚使劲购物。我不停提醒他们，悠着点悠着点，留一些到泰国使用。结果到了泰国真的没钱再花费了，在一个购物点被关在购物中心里4个小时才让出来。

史良洁：英姐，您是哪一年进入侨社的？

李英英：我是惠州人，高中毕业下乡，作为知青于1978年6月招工进入了侨社。因为当时回国探亲访友的华侨大多是祖籍广东人，会说广东话或潮州话或客家话，便招了一批懂广东话、潮州话、客家话的年轻人做接待工作。我比华姐晚两个月，也到了侨社的接待部，我俩在同一部门。1984年到1986年，公派到深圳大学干修班学习英语，也是带薪学习。学习结束后回到侨社综合部，做航空机票代理人。

史良洁：航空机票代理是从那时开始起步的？

黄文青：英姐算得上是航空机票代理第一人。

史良洁：航空机票代理做了多长时间？

李英英：1996年调到销售部管理门店。2005年深圳市口岸中旅改制后，跟随黄总到了深圳市宝中旅游，现在负责门店管理。

史良洁：英姐学习回来后做的是兼职导游了？

李英英：是。有机会才去带团。到了40岁，我就没再带一般的旅游团了，只是偶尔带一下考察团。

史良洁：《旅游法》推行3年多，对导游工作有哪些具体的影响？

柯旦华：《旅游法》可以让旅游回归到理性。可能许多导游会转行，需要更高素质、更高水平的人来做导游。

李英英：经过这些年的发展，游客和从业者的法律意识都在提高。但是，《旅游法》购物细节没出来，旅行社很难操作。就像2013年国庆节，我去西班牙旅行，游客想购物，但组团社、地接社、导游都不敢安排。

史良洁：华姐应该是唯一一个从1978年到现在38年，还一直坚持带团的老导游老领队。

柯旦华：可能是吧。

黄文青：是唯一，肯定是唯一一个！

李英英：华姐敬业，善于总结，爱学习好工作，崇尚自由的世界，行走于世界。用现在时髦的语言总结她，就是一个旅游达人！

史良洁：嗯——旅游达人！很贴切的总结。

T I M E

90

年代

90年代，出国游中的新马泰游达到一个高潮，导游队伍逐渐壮大，但也开始良莠不齐。导游的声誉一度降到最低。导游的专业与否，直接代表着旅行社的声誉。

访谈录

“

郭仕强的从业经历可以说见证了中国旅游业从发展到黄金时期的全过程，他也从一名偶然踏入旅游行业的兼职导游成长为金牌导游，直到走上管理工作岗位。良好的学业背景和热情开朗的性格让他在导游路上起步的时候，获得了大家的认可，他积极进取的开拓精神则帮助他在旅游这片广阔的海洋上越游越远。

”

郭仕强

——遨游在旅游的星辰大海

郭仕强	1968 年出生
深圳国旅新景界副总经理 深圳新景界国际会议展览有限公司总经理 深圳市旅行社协会副会长 做导游时间：1990 年—1999 年	
采访地点：深圳市罗湖区和平路船步街 2 号国旅大院二楼 副总经理办公室	

2003 年夏天郭仕强（右）在讲解中

初识郭仕强印象深刻。2003 年夏天，他们公司在深圳大梅沙策划组织一个旅游战略研讨会，郭仕强正是活动主要策划人。他笑容可掬，积极热情。人如其名，郭仕强既有儒雅的一面，又有干练强悍的一面。后来，听说他去筹建大客户部，做高端定制旅游、会展旅游，我们见面少了。

直到这次准备采写导游书，我与他微信相约谈谈导游的话题。郭仕强回复：10年没有涉及导游管理工作，生疏了。我说不谈管理，聊聊天，讲导游的故事。

“呵呵，谈个人可以。”

一见面，郭仕强微笑着递给我两张名片：深圳国旅新景界副总经理、深圳新景界国际会议展览有限公司总经理。

我们的话题从深圳市首届金牌导游开始，谈话间提及了旅游界和媒体的很多人。他是一个与人为善、喜欢广交朋友的人。郭仕强的从业经历可以说见证了中国旅游业从起步到黄金时期的全过程，他也从一名偶然踏入旅游行业的兼职导游成长为金牌导游，直到走上管理工作岗位。良好的学业背景和热情开朗的性格让他在导游路上起步的时候，获得了大家的认可，他积极进取的开拓精神则帮助他在旅游这片广阔的海洋上越游越远。

采访时，看见郭仕强办公桌上摆放着一个小男孩的照片，头上戴着时尚的花头巾，十分可爱。

“这是我儿子小时候的照片，现在 16 岁，身高早就超过我了。”郭总自豪地回答。

“无论多忙，每年我都会带儿子出去旅游，小孩十二三岁之前最好玩，再大一些，进入青春期，有主见了，就不愿意同我们这样的‘老人’玩了（笑）。”

史良洁：您是深圳市首届金牌导游，当时是哪一年？

郭仕强：应该是 1999 年。当时有 3 个金牌导游，5 个优秀导游。3 个金牌导游：第一名是刘艳红，我是第二名，第三名是黄文升。刘艳红是全国十佳导游，作为优秀人才，从内地引进到深圳的，目前在深圳大学，有了一个好的职业方向，是一个很好的榜样。黄文升，自己注册了一家旅行社。

史良洁：您是哪一年开始进入旅游这个行业？

郭仕强：1990 年底，我进入深圳市旅游集团。

史良洁：当时是怎样的机缘进入行业？

郭仕强：我进入旅游行业很偶然。1989 年，我从韶关大学中文系毕业，是大专。毕业实习在韶关电视台，11 个人实习，电视台决定录用我一个。但是我父母在广州，不让我留韶关，我便回到广州一个工厂工作。只上了一个月的班，实在没兴趣，就离开了，来到深圳表哥家，找工作。

史良洁：放弃正规的工作，当时您父母是怎样的态度？

郭仕强：我父母还好，不是太激烈地反对。因为我住在表哥家，他们觉得我还是有归属的。

史良洁：找了多少个工作后才进入深圳市旅游集团？

郭仕强：找了很多工作，帮别人摆过地摊、在商铺帮人卖货……后来，有一天，表哥问我愿不愿意去做导游。他刚好认识深圳市旅游集团的导游部经理，引荐我去面试。第二天见面后，他看我大专毕业，又懂广东话，立即决定让我做兼职导游，带入境港团。

史良洁：您是广东人？

郭仕强：我是客家人，在韶关长大。深圳旅游界的韶关、肇庆人很多。

史良洁：有进行相应的培训吗？

郭仕强：基本上没有专业的培训。20 世纪 90 年代初，入境港团业务量大增，需要大量的导游，而专职导游严重缺乏。于是，我这个不是学旅游的新手，半路出家当上了导游（笑）。当时，像我这样的“新手”导游很多。

史良洁：您这个新手怎样“上路”的（笑）？

郭仕强：的确，什么都不懂就上岗了。当时主要是深圳一天游、两天游和省内游，先跟团实习。那时还没有导游证，于是带上工作证，跟旅游车实地实习培训，看师傅怎样讲解，怎样待客，怎样服务，自己学习揣摩。当然，也会给我们实习生一定时间，让我们自我介绍。

当时我 22 岁，很瘦，长着一张娃娃脸，看上去很小。很多游客见到我，都问我有没有 18 岁（笑）。

史良洁：那时省内游主要去哪些地方？

郭仕强：除了深圳一天游、两天游，还有惠州、广州、清远、肇庆、韶关等两三天游。

史良洁：当时没有高速公路，路况也不好。

郭仕强：是，没有高速公路。一般情况是早上八九点从文锦渡或皇岗口岸接上旅游团出发，中午在东莞或惠州午餐，还要搭乘轮渡，晚上才能到达广州。

路况不好，车况也不好。当时只有西丽湖、香蜜湖附近有旧中巴车。我当时最怕下雨，因为，外面下大雨，车内下小雨，得打伞；而香港的领队希望下雨，因为没有空调太热，下雨会凉快一些（笑），而且路上尘土飞扬，下雨可以避免尘土。

史良洁：条件如此恶劣，游客反应怎样？

郭仕强：那时基本上没有投诉车辆、酒店、饮食、景点等等的情况，他们都理解。无论出现什么状况，总是一句话：“大陆就是这样啦（用

访谈录

2000 年，旅途中的郭仕强

广东话表述）”。相互理解，是那个年代最明显的特征。

史良洁：还记得您带的第一个旅行团吗？

郭仕强：我对第一个团记忆非常深刻。在我跟团实习两次后，就让我独立带团了。是香港来的游客，去清远的三天团。那是1990年底，临近春节，游客逐渐大量增加，旅行社需要大量的导游。于是，让我独立带团了！而且，当时竟然还安排了两个实习导游跟我的车学习。

在文锦渡口岸接上旅行团，香港领队见车上还有两个实习导游，就让游客放心，介绍说我是“老师傅”。天哪！我哪是什么师傅（笑），完完全全的新手。

史良洁：旅途怎样（笑）？

郭仕强：当时单位为每个导游准备了文字资料，有厚厚的一叠。有深圳的情况介绍，也有旅游目的地资料介绍。我提前做好了功课，将资料的内容记熟，准备在深圳到清远的路途上讲解使用。但是，当天从文锦渡口岸接团上车，我一拿起话筒手就开始抖，一直抖，不停抖，相当紧张。旅行车才转到现在的滨河路上，就这么短短的一段路途，我就手抖着将准备好的所有途中解说词全讲完了（笑）！然后，就傻傻地看着游客，不知道该怎么办，很尴尬。

史良洁：谁来解了围？

郭仕强：好在有经验的香港领队及时出来帮我圆场。到了下午，到达清远后有地接，我才放松下来，才慢慢进入状态。

史良洁：当时导游的工作、生活状况、经济收入情况怎样？

郭仕强：专职导游有基本工资加出团收入。我们兼职导游没有基本工资，自己租房，主要靠出团补贴。还记得我带完第一个旅行团，分到300多元港币，那是1990年，300元是相当大的一笔金额，而且是港币！当时，港币比人民币值钱。我觉得太多了，简直是一笔巨款！

史良洁：300 多元是小费吗？

郭仕强：当时，每个游客每天支付 5 元小费，加上购物、自费景点的回佣。购物主要是当地土特产，自费景点很少，以及晚上外出宵夜用车的费用等，所有加在一起，领队、导游、司机 3 人分，我分到港币 300 多元。

史良洁：那时开始有小费？

郭仕强：导游的主要收入依靠带团补贴，小费、回佣是主要组成部分。

史良洁：3 天 300 多元，一般 1 个月带多少个团？

郭仕强：当时香港团很多，很忙。最忙时，1 个月去了 7 次清远。那时年轻，体力好，有精力。后来，深圳主题公园逐渐增加，来深旅游的游客也日益增多。

记得同一天出 20 个团，没有电脑，完全手工操作，要同其他团抢着吃饭抢着乘船，于是告诉游客早起床。结果，所有的团都想赶早，都早起（笑）。

史良洁：游客会问什么敏感的问题吗？

郭仕强：较少问敏感的政治问题，大家都很默契，不谈政治。大多数的游客都是问问风俗民情之类的话题。

当时，出现“盲流”这个现象和词。去清远要从广州火车站经过，大量外出务工的农民工聚集在火车站，带来卫生、治安、交通拥堵等社会问题。就有香港游客提到“盲流”这个问题，他们是带着贬义的口吻提及这个问题的。

我当然首先是维护我们的形象，希望他们换位思考，理解我们的农民兄弟生活艰辛，不辞辛劳离乡背井出来谋生，多么不容易。经过讲解，他们还是能够理解。

史良洁：兼职导游做了多长时间？

郭仕强：两年。大量的人员进进出出，我是少数坚持留下来的一个。

史良洁：这期间有发生难忘的事件吗？

郭仕强：我记得曾经有一个港中旅大巴团，从香港过来 7 辆大巴，直接开到深圳，准备深圳一天游。这 7 辆大巴的游客是香港同一家企业职员，是当时的左派人士，港中旅非常重视，市旅游集团领导也十分重视。每一辆车上已经有一个经验丰富的香港领队，要求市旅游集团每一辆车再配备 1 名有经验的导游。当时负责人谢晓云（后任深圳市国旅新景界副总经理）找来找去也只能安排 6 个，还缺 1 个有经验的导游，最后竟然让我带如此重要的 VIP 团！

跟着 6 个大哥大姐，在文锦渡接客上车，让大哥大姐们挑选车次后，我最后一个上车。从文锦渡到东山珍珠场，午餐时，香港领队告诉我们几个导游说这次是政治任务，是接待，没有小费。其他 6 个导游听说没有小费就不干了，余下的行程就不再讲解了，香港领队只好拿起了话筒讲解。我上车后该干嘛还是干嘛，依旧热情地为游客讲解。后来，香港领队问我为什么没闹情绪。我笑答，就一天，没有小费没有关系，不是还包餐了吗？

过了几天，谢总来到我们导游办公室，很严肃地问："谁是郭仕强？"

这也是谢总惯有的表情。她看了我几眼，就走了。把我吓出一身汗，不知道犯了什么错。原来，这个港中旅 VIP 团的领队是港中旅经理，他写了一封感谢信给谢总，感谢我当天的表现。从那以后，VIP 团指定由我接待。

最重要的是，这次经历之后很短时间，1992 年，我就入职市旅游集团，成为正式职员，有工资和社保了，觉得有了基本保障。这是我到深圳的第一个大转折。

史良洁：正式入职后，您的工作档案、户口关系也跟着调入深圳了吧？

郭仕强：没有。当时只是正式入职市旅游集团，没有调动户口关系。说起户口调动，又是一个奇特的故事。

1997 年，我做领队，带 30 多个深圳游客到新马泰旅游，全程 10 天。出发前我准备充分，与游客们相处融洽，行程十分顺利。

回来 10 天后，有人 Call 我 BB 机，回复过去，原来是去新马泰旅游的其中一位游客。她说十分感谢我这次旅行中对他们夫妇的贴心服务。她在劳动局工作，她先生在文化系统工作。他俩觉得我这个人本分、稳重，但调入深圳难度较大。

她说，按照我的工作年限和学历是符合调入深圳的，但是我自己拿到指标是相对困难的。

她可以帮助我将户口从广州调入深圳，让我去她办公室找她。后来，在劳动大厦办公室，她让我到相关办公室办理了手续。后来，通过考试、上缴了 2 万元城市管理费，两个月左右就调入了深圳。

这么多年了，十分感谢她。

史良洁：这位劳动局领导十分英明，完全算是引进人才。

郭仕强：后来，我想请她吃饭表示感谢，她没有答应。现在她已经退休。可能他们看到了我的真诚与敬业。这与我的家庭教育、家学修养有关，心态很重要，不看一时得失，尽职尽责做每一件事。

史良洁：您是哪一年考取导游证的？

郭仕强：我是 1997 年考的导游证，在广州白云山旅游学校培训半个月，主要培训的科目有《导游基础知识》、《旅游政策法规》、《导游服务规范》和《导游词》。然后考试，科目包括笔试、导游基础知识、旅游政策法规、时事政治以及口试、导游词和导游服务规范。当时只要报名就可以考，但是合格率很低。

史良洁：您的导游经历中，最难忘的是哪件事？

郭仕强：有一件事很难忘。1995 年，我带一个马来西亚老华侨团去梅州探亲。这些老人平均年龄超过了 60 岁，他们是第一次回国探亲，对许多人来说很可能也是最后一次。他们家乡在五华的一个乡村里，村里的人提前两天到公路边早早等候着。因为村民怕路途远时间有误，担心老人们找不到回家的路。

早上 6 点，我们从广州出发，当时路况不好，路上塞车，到达梅州已是凌晨两点多，入住梅州华侨大厦。一大早，便又出发前往大埔、五华。远远地就看见 30 多位村民在路边等候，大埔政府也派出有关工作人员前来迎接。车上的人一看见“大埔欢迎您”就开始哭泣。旅行团里每一个团友都有亲人来到现场，一见面就抱头痛哭，然后各自被亲人领回家。一周后，又集体统一离开。离开的场面更伤感，哭声一片，撕心裂肺。身临其境，有无尽的感慨。

华侨们回国时，都准备了很多礼物，我们来时一辆车载人，一辆车载货。他们走时，可以说将身上所有东西都留给了家人。自己参与了这个过程，十分感动，虽然路途辛苦，值得！

史良洁：什么时候到了深圳国旅新景界？

郭仕强：1996 年，我离开了市旅游集团，同几个朋友一起承包了通发旅行社，只干了几个月，经营情况不太理想，就没有干了，在家休息。

当年，深圳国旅改制，谢总又邀请我回来。就这样，一直在深圳国旅干到现在。

史良洁：刚到深圳国旅，您也是做导游吗？到现在，您在深圳国旅已经 20 年了，工作发生了哪些变化？

郭仕强：我是一个不愿意重复自己的人。刚到国旅时我主要做管理工作，管导游、做计调，也就是我们说的OP，兼职带VIP旅行团。当时，主要用寻呼机沟通联系。我需要不停地与导游、地接旅行社、车队等联系沟通，我的寻呼机一周要用一节电池。

1997年，在谢总的带领下，我们率先成立省内部，开始开拓省内游市场。可以说，我们是深圳最早做省内游市场的，而且，做得相当成功。

2000年，我开始做国内游。当时一些前辈早就已经在做国内旅游，于是，我就做国内旅游中的“特种旅游”，专门做西藏、新疆、西北特种旅游线路。当时，我的业绩非常好，每年从5月1日到10月1日，每逢周五新疆8天游便出团。我们会提前预定好吃、住、行，同行都知道，郭仕强的新疆旅行团是唯一一个可以保证出团的。而且，每逢周五还有飞成都再飞西藏的旅行线路，还形成了周五就有郭仕强的西藏团。

2002年，我进入企划部。大家在办公室、茶馆、餐厅，随时随地探讨。推出的“北京品质游”等系列产品，反响相当热烈，广获好评，在市场上掀起了“品质游”热。

史良洁：我认识您时您就在企划部。你们的“品质游”的确起到了正面引导市场的作用。后来，您又去筹建大客户部、做高端定制旅游、会展旅游了。

郭仕强：我当时还兼职省内部经理、特种旅游部经理，企划部是清水衙门，与做业务相比，收入相对较低。2000年，有了小孩，我压力增大。我给自己定的目标，在企划部只做两年。其实，这两年学到很多东西，视野开阔了，对行业的把控能力增强，是收获最大的两年。

2004年9月，我向吴斌董事长（总经理）提出要求成立商务部，谈了自己的想法，主要做订房、订机票等业务。吴总同意，我便在深圳罗湖宝安大厦办公，开始招聘人员，做业务。同时，我还兼职企划部经理。2005年，我开始专职做业务。

2017 年 3 月，郭仕强在惠州双月湾檀悦豪生温泉度假酒店参加分管的新景界会展公司十年总结大会

2005 年 12 月，深圳地铁开通，我到国旅大厦办公，将商务部拓展，成立公司；2006 年 6 月，公司拿到营业执照。

2011 年，我们将订票业务等剥离出去，只留下会议展览等业务，成立了深圳新景界国际会议展览有限公司，我出任公司总经理至今。

史良洁：你们的会议展览公司主要是做业界常说的“会展旅游”，这几年的业务进展情况怎样？

郭仕强：2006 年 9 月，我们承接了“世界牙科联盟大会”，一万人参加会议，规模庞大（编者注：该年会在深圳会展中心举行。这次年会是世界牙科联盟在全球 31 个国家 53 个城市举办年会以来，首次在中国召开）。当时，是我们同国（国旅总社）、中（中旅总社）、青（青旅总社）一起在北京竞标，我们十分荣幸中标。这对我们来说是一次非常大的考验，这是一次大型国际会议，组织得非常成功，在业界产生极好的反响。通过这些年的努力，“新景界会展”已形成了自己独有的品牌形象，在华南地区算领导品牌。

会展公司的业务已经走入正轨，而且处于不断上升的趋势，我逐步将管理业务移交给副总经理。2012 年 7 月，我又出任深圳市国旅新景界副总经理。

杨建军、陈旭彬也是公司副总经理，杨建军负责海外游，陈旭彬负责国内游，我主要负责销售，分管门店。这不是我的强项，我不喜欢管理人。但是，我愿意接受挑战。

2013 年，公司积极打造名店，在政策上出新招。我将麦当劳的加盟政策拿来，向他们学习、取经。我们允许加盟店加入我们集团，设置一定的黄金比，追求数量的同时一定保证质量，严格要求加盟店按照新景界品牌统一规划。

2014 年设置 80 家门店，2015 年打造 100 家门店。省内其他城市已经有5家，明年要再扩张，逐步走向全国布局。无论在哪里，坚持新景界品牌落地，只能做新景界品牌统一配置的产品。落地成熟后，再考虑做当地的产品。

国内布局的第一站，我选择在厦门。2013年12月28日，深厦铁路开通，有利于深厦沿线的城镇交流，这是很好的一个商机。我去厦门考察发现，厦门也是移民城市，当地人很有钱，消费水平高，十分期盼有高端、高品质的旅游产品，我们新景界的品质游品牌正好契合这一点。我十分看好这个经济发达的区域市场。

史良洁：我发现，这些年，您在不停地变化岗位、不断地突破新的领域、不断地开拓新的市场，没有停下脚步。

郭仕强：我是不安分的人（笑），不愿意总守护着一块田地。我总想要培养年轻人，培养出成熟的接班人后，我就去找另外的发展空间。这么多年，我十分骄傲的就是培养了无数年轻人，开拓了无数新领域。您认识的企划部刘可、深航假期的林庆琳都是我当时招聘进入公司培养起来的。我十分享受这个过程，不断创新，不断开拓，不断突破。不停挑战自己，在挑战中知道得失，懂得取舍，完善自己。

史良洁：听闻深圳许多旅行社负责人当时都是由导游做起，积累了大量的原始资金。可以说，您经历了导游“自由收入”的黄金时代，可以介绍一些当时的情况吗？

郭仕强：20世纪90年代是中国入境游的黄金期，港澳台同胞、华侨和外国人都希望了解腾飞中的中国，对中国充满了好奇，所以导游的工作量是满负荷的，也积累了一定的财富。

史良洁：作为金牌导游，您也为新导游培训？

郭仕强：主要在百事得导服公司、深圳高职院和深圳电大等上课。百事得导服公司主要是培训新上岗的导游，讲一些职业修养等内容。

在深圳高职院和深圳电大讲旅游基础科目，主要是开设讲座。我开设了两个学期的课程，每周都是晚上上课，无法出差。虽然我是学生最受欢迎的老师之一，但是，时间不自由。做会展旅游后，就淡出了，基本上没有再开设兼职讲座了。

史良洁： 给导游讲课注重哪些方面的内容？

郭仕强： 每一次给导游上课都特别强调“职业道德”。虽然导游是无数次带队到同一个地方，但是游客跟着你旅游是第一次，也许是唯一的一次。游客接触到的是你，从你身上看到国人的素质、看到祖国的面貌。一定要传递出正能量，真诚维护形象。

史良洁： 您的导游经历中，应该有这种传递正能量的事件发生吧？

郭仕强： 记得20世纪90年代初，我带了一个新加坡华侨团深圳两天游。后来，收到一个游客的感谢信，客人是一位40多岁的女士，是新加坡一所大学的老师，对祖国有一种深深的情怀。她说，在深圳只停留了两天，从我身上看到了国人的变化，看到了祖国的变化，感受到祖国喜人的进步，很感动。其实，给我的震撼也一样大，我深深感受到导游的责任和理解了导游的作用。

史良洁： 怎样看待《旅游法》中有关导游的一些条款？

郭仕强： 《旅游法》涉及了导游这一行业。这些年，“导游”仿佛已经成为贬义词。其实，“导游”行为发生在员工，责任在旅行社，根源在管理。《旅游法》要打破原有的导游混乱现状。

1. 导游入门低。导游证难考，但是执行力度低，现实中部分导游从业人员素质不高。如果执行力到位，需要两三年的阵痛期。

2. 导游社会地位不高。导游没有基本社会保障。在欧美发达国家，大多是专业人士做导游，也有年纪较大的专业人士做导游，有学识、敬业、有深度。要从根源上解决问题，必须完善导游的基本社会保障体系和培训体系。1997 年，一个同事在深圳胃出血，也强忍着，回到广州看病，因为他的医疗保险在广州。我们的导游是吃青春饭，都认为如果这个阶段不挣钱，年纪大了就更困难了。

3．旅游行业是“100-1=0”，是一个系统工程，不是什么问题都出在导游身上，导游只是走在最前沿。需要正面引导，需要社会的正能量。

史良洁：谈谈您自己的经历吧，说起深圳租房，人人都有一个心酸历史。您初到深圳时也有这样的经历吧？

郭仕强：我和同事一起租房，换了不下 10 个地方。记得有一段时间我租住在罗湖区湖贝村农民房中，带团几天后回来，发现房子已经被拆了！事前一点信息也没通知！我爬进钢筋堆里拿出行李，在广场上坐着，晚上 8 点过，凄然想着今晚在哪里落脚。

在白石洲租住农民房，租了两年，房间窗外 100 米就是大海，风景很美。我们是最早在白石洲租房的，现在还有导游在那里租房。

1998 年，当我在《深圳特区报》上看到一个小广告，香蜜湖街道办有小产权房出售，98 平米 30 万元，我立即交付定金买了一套。当时，我已经有一些资金积累，终于脱离了东奔西跑租房的日子。

史良洁：平时有什么业余爱好吗？

郭仕强：我喜欢看书买书。但是，一次在白石洲退租住房时，因为安装空调费退换的问题与房东发生争执，后来，搬家时，我的几箱书不见了，真是伤心透顶，便不再买书了。直到我买了房有了自己固定的住所，才又开始买书。

史良洁：喜欢看哪一类的书籍？

郭仕强：我喜欢阅读两大类书籍，一是与旅游有关的书籍，另一类是人物传记。也希望书籍能陪伴大家的旅途，越走越美好。

“

我在大学时代是个抓紧一切时间练习英语口语的人，可能就是因为这个习惯吧，我一拿到麦克风就想与人分享，就想让大家感受到我在旅途中获得的那些美。导游，其实就像管家，通过服务让游客开心、安全、舒适地欣赏到最美的风光，品尝到最美味的食物。

”

马　杰

——因为热爱，所以我还在

马 杰	1968 年出生
深圳市招商国旅大客户部负责人、 旅游策划师 做导游时间：1990 年—1998 年	
采访地点：深圳市深南路金丰城大厦、深圳市招商国旅大客户部会议室 A 座 6 楼	

认识马杰时，他是深圳市口岸中旅策划部经理，常与媒体打交道。他的办公室本来面积不太大，坐了 4 个人，放了 4 张办公台、四台电脑，再加上一堆一堆的书、报刊，便拥挤起来，他就像被包围在里面。

与他相识已有十多年了，他总戴着一顶球帽。每次去他办公室，总是首先看到高高的书、杂志、报纸后面的那顶帽子。

为了这本书第一次对马杰的采访，正是 2013 年《旅游法》出台之后，当时香格里拉阿布事件引起热议，马杰的看法是："这是比较偏激的个案，是一个极端负面的事件。事件本身发生在 8 月，直到十一黄金周期间才被播出，更因为《旅游法》即将出台而备受关注。"

"这个事件实际上体现了导游行业的低门槛，以及低收入。很多导游出团拿着微薄的补贴，生活根本得不到保障，只能用回佣补贴团费获取报酬。其实行程本身是旅行社安排好的。导游代表旅行社，以'导游'这个角色被推到公众面前，在激烈的市场竞争局面下，成了'公敌'。"

"这些乱象需要各级机构规范化操作，才能从根源上解决问题。希望《旅游法》出台，能起到规范旅游市场的作用。"

三年后，一切如我们当时所探讨的那样，《旅游法》的贯彻实施，为保障导游生活起到了非常大的促进作用。曾在两年前任深圳旅游协会导游分会秘书长的马杰，更与他的伙伴们，为深圳导游争取到了更多来之不易的条件改善。

史良洁：现在带团导游的收入和福利情况有所缓解了吗？

马杰：深圳市旅游协会 1986 年成立，而深圳旅游协会导游分会，则直至 2007 年才成立。几年前，我们开始争取为导游的福利与收入状况带来改善，经过四届导游分会的努力，目前深圳的导游基本都能得到较好的保障——所有导游都可以通过旅行社或是导游服务公司购买社

2010 年 10 月马杰带旅行团在法国

保；过去导游出团补助只有 100 多元 / 天，因而他们大多要靠小费和购物回佣带来收入，但现在，导游的每日补助（以飞机团为例）已能达到 300—400 元 / 天。

另外，中级导游、高级导游可能很快就能获得比一般导游更多的出团补助，这件事现在正由导游分会在推进中。

史良洁：相比以前，这确实是非常大的进步。

马杰：对，而且现在做导游，可以带本地团，做国内团全陪，此外拥有了国导证（全国导游证）之后，还可以考取领队证，出任出境团领队。这几年，入境游客比我们做导游的时候少了很多，但是随着国民收入的提高，游客的出境需求却增长得很快，导游的选择多了，只要他足够努力，正当收入比过去要多得多。所以，虽然媒体还是偶尔会有关于导游的负面消息，但事实上国内的旅游市场、导游行业，都已比十年前、二十年前有了很大的提升和完善。

史良洁：您是哪一年进入导游这个行业的？当时是怎样的机缘？

马杰：1990 年，我从广东外语外贸大学毕业，回到湖南老家做外贸工作。有大学同学在深圳光明农场，总说深圳如何如何地好，有激情有挑战，我还真的被说动了，想到深圳看看。于是，我带着 180 元钱，就来了深圳。幸好当时父母开明，还比较支持。

当时，我的一位大学老师的朋友在深圳口岸中旅（当时还是华侨旅行社）工作，经引荐，我进入口岸中旅，算是我到深圳的第一份工作，直到 2008 年才离开。

史良洁：当时在哪个部门？

马杰：在市场部做导游。当时我们的部门经理是黄文青，跟着他从头学起，不断进步。而且，我们在一起开创了旅游界的不少第一。

史良洁：还记得您带的第一个旅行团吗？

马杰：就是进入华侨旅行社那年，跟黄文青、刘济深等一起，带了一个 80 多人的华侨团从深圳去梅州五华。他们是导游，我专门负责押行李，整个旅程中虽然没能像一位真正的导游那样给游客讲解，但还是体验到了旅途的艰辛，以及作为一位导游的辛苦。

史良洁：是什么时候开始正式拿话筒做导游？

马杰：1991 年春节期间，团比较多，我就有了机会开始独立带团。

我在大学时代是个抓紧一切时间练习英语口语的人，可能就是因为这个习惯吧，我一拿到麦克风就想与人分享，就想让大家感受到我在旅途中获得的那些美。导游，其实就像管家，通过服务让游客开心、安全、舒适地欣赏到最美的风光，品尝到最美味的食物。

当时，导游是要作为民间的大使，希望通过导游自身的宣传，宣传祖国的发展，宣传改革开放的成绩。当然到了现在，了解中国的窗口、渠道越来越多，导游在政策宣传方面的作用相应减少，回归到将自己对当地文化、风土民情的了解介绍给客人、服务到位、让整个行程满意的职能。

1990 年北京亚运会后，中国展示了自身的发展形象，提高了在国际上的影响力。国务院要求侨办邀请华侨回国，看看祖国的发展变化。这样的华侨团，对导游的要求比较高，本科毕业的导游比较少，我经常被安排接待类似的 VIP 旅行团。

史良洁：当时接待这些 VIP 团，一般去哪里？

马杰：因为我们是地陪，所以我们只能在锦绣中华、世界之窗、民俗文化村来回地跑……最开始，我对这几个景点了解得并不多，后来去得多了，听了几十遍当地导游的讲解，慢慢也就成为了一位还比较优秀的讲解员。

那时候一礼拜 7 天，大概得去 6 次吧，每次晒一个半小时（大笑）。

2016年，马杰（右二）带深度游旅行团在加拿大

但是那个时候除了晒黑了一点，并不会觉得这是受苦受累。作为一个导游，每天与不同的人交流，在相同的景点从不同的角度发现不一样的风景，就像是我们每天都吃饭，但是这碗饭在和家人、和朋友一起吃时，其中凝聚的感情是不一样的，这种每天都在更新、变化的感受，也是这个职业为我带来的一份乐趣吧。

史良洁：能够接待 VIP 团，您当时的收入肯定算是高的。

马杰：是，但是当时年轻，挣多少花多少，没有积累。我们一帮年轻导游，每年工作之余，去不同的地方旅行。那时，全是真正的“说走就走的旅行”。年轻，有动力有活力。我们 AA 制，曾经为了吃到芙蓉镇的米糕，我们从张家界连夜坐车到芙蓉镇都不嫌累。经过几次这样的“出走”和“疯狂”，我们当时那帮人里还成就了三对。其实我也算最早的背包客了。

史良洁：在最初带团的那几年，最难忘的有哪些事？

马杰：1994 年，美国、英国、韩国等媒体记者团 20 多人，有华人、有外宾。他们从香港经深圳转机，到内地旅行。我们主要负责从罗湖口岸到深圳机场这一段的接待工作。我作为导游，介绍深圳的发展变化。

当旅游大巴车经过滨河大道，客人们看到架在深圳河畔深港之间的铁丝网隔离带时，一个记者问我：“据说，香港金铺常被打劫，打劫犯是通过深圳河往来吗？”我回答：“媒体也不是 100% 正确。”

一位记者问：“上海与深圳的经济发展迅速，上海的负责人已经进入中央政治局，深圳的负责人也能进入中央最高权力机构吧？”我回答到：“我当上市长秘书长之后再回答您这个问题。”大家都笑了。

在我的精彩介绍和机智灵活的应答中，50 分钟的行程，觉得时间很快、距离很短，非常愉快。

史良洁：2001 年，我认识您时您在策划部。您是什么时候开始做起策划工作的？

马杰：从1990年到1998年，我做了8年专职导游，而后进入策划部，一直到2008年我离开口岸中旅。后来，我曾离开过旅游行业，但是您看，我又回来了。

史良洁：您短暂离开的那几年，去了哪里？

马杰：2008年，我到了深圳广电集团电台。8年导游的实践、10年策划的知识积累，对旅游发展的思索，我觉得可以做一些改变，跳出来思考一些行业中的问题。于是，到了刚成立的广电94.2频率做旅游节目主持人。

我是一个比较有表现欲、沟通欲的人，希望一拿起麦克风能与人互动，能看到观众的反应，能及时与观众交流。但是，在电台做主持人，永远是对着话筒、机器设备以及四壁，无法面对面地与观众交流，隔空对话，实在难以实现我的表现欲望。比如与嘉宾电话连线直播，与嘉宾交流其“品法国美食”的特色旅途，我们连线很热闹，但是看不到听众的现场及时反馈，不知道我的讲解效果如何，有点失落。

而且，做过旅游后，总有服务意识，习惯于旅游服务后，希望他人获得知识，希望他人能及时反馈信息。形成这种旅游管家的角色，转化为电台主持人，只是告知，没有现场反响，没有挑战性，觉得特别不习惯，便又离开了电台。

2009年，我到了侨社酒店，开始做管理工作。

第二年，应宋总（宋强，原深圳野生动物园总经理、深圳市口岸中旅总经理，现深圳市招商国旅总经理）的邀请到深圳市招商国旅大客户部，任负责人。换了两个岗位，因为没有沟通的场景，感觉还是无法满足我的职业需求，索性就又回到旅游界——能够与游客交流、得到游客的认可，会令我更加开心。

史良洁：离开了又再回来，这或许就是一种情怀吧。

马杰：对，情怀，或者说，是一种眷恋。因为这一行与其他行业最大的不同，就是您不停地要跟不同的人打交道，而在与各种各样的人接触中，您会感受到相互之间的碰撞、知识的更新，捕捉到更多旅游的需求、新的旅游点，您才能不断地主动去丰富、更新自己的知识，让自己保持专业。

其实，很多在这个行业时间比较长的人，以他们所拥有的能力、经验，完全可以跳出去。但是那么多年了，我们却都还在，这真的都是出于一份热爱，因为这份热爱，即便有许多机会摆在眼前，都不舍得离开。

史良洁：如果让您列举成为一名导游的标准和要求，您会怎么写？

马杰：有导游证当然是第一位的。（*对学历有要求吗？*）没有，国家规定高中毕业就可以做导游。而无论学历高低，如果他有着高涨的热情，愿意做一位“服务员”，那他就可以做导游。

史良洁：导游就是为客人服务。

马杰：不止服务员，导游其实是“五大员”：生活服务员、安全保卫员、导游讲解员、对外宣传员和情况调查员。

生活服务员不用多说了，导游就是要事无巨细，为客人安排好方方面面；至于安全保卫员，这其实是导游的一种职业道德，在客人遇到危险时，作为导游应该首先站出来保护客人的安全；导游讲解员自然要求导游具备相关的专业知识储备；对外宣传员呢，指的就是我刚进入这一行时，在面对入境游客时所起的作用；而对客人而言，导游不仅是旅游活动的组织协调者，更是通晓旅游目的地多方面情况的人，是各种问题的指引者。

史良洁：您现在主要工作状态是怎样的？

马杰：偶尔还会带团，但主要还是侧重在旅游产品的策划方面，研究什么样的旅游产品能够更符合游客的需求——做导游是了解、介绍成熟旅游目的地，而策划是规划未来的旅游产品，一个已知一个未知，对我来说后者更具有挑战性。

史良洁: 进行更加宏观的行业把控了，现在旅游团的趋势是怎样的？

马杰：出游人群的个性化需求现在是越来越明显了，基本是两极：一种呢，是传统的国内游客，因为语言不通或是没有时间精力规划行程，而更愿意找一家信赖的旅行社报团出游，旅途中由导游为客人安排好一切，包括到达每个地方后的种种提醒、提示；另一种，则是语言没问题、胆子也很大，所以更倾向于自由行。虽然，自由行花费的可能较跟团要多、行程中可能遭遇的麻烦也更多、对景点的了解也不如通过导游介绍来得深刻，但是这部分人群就是青睐于这种体验。

史良洁: 无论哪种，其实都是一种很好的体验。

马杰：旅游本身就是追求体验的过程，旅游绝对不只是上一堂户外课、旅游知识课。比如您去日本、去意大利旅游，当地人的英语水平可能比您还差，您在餐厅点菜，菜单上没有图片，服务员也无法用语言顺畅沟通，怎么办？比划呗！这种旅途中的真实感受，其实就是现在很多人出行的需求。

正是因为有了这种需求，我们在旅游产品的策划方面，除了传统的团，也有了很多自由行的团：旅行社会为客人订好机票、酒店，而后通过平台为客人提供行程建议，比如建议在欧洲的客人去买一张 Europass（欧洲通行证，可在大部分欧洲国家凭证乘坐公共交通）体验当地交通，或是为客人推荐入住酒店附近值得品尝的餐厅（通常推荐的都是米其林餐厅，以及旅行行家推荐的“独家分享”）。

史良洁: 这比起大多数人观念中的旅行团，自由度要大得多，但这也要求旅行社对当地有更深入的了解。

接受访谈时的马杰表情十分生动

马杰：我们作为导游，也会在旅游目的地探索、摸索更多个性化的内容，将之加入我们的旅游产品。

另外，因为我有一年管理酒店的经验，对酒店的情况也会比较熟悉。其实很多人到了一个陌生的地方，都会选择和酒店的工作人员沟通周边的吃喝玩乐，而许多酒店也都设有相对应的人员。他们一般被称作“金钥匙”，由酒店管家部最顶级的人员组成。他们知晓当地的政治、经济、文化、旅游、美食等等各个方面，而且他们可以利用酒店乃至自己的资源、设施为客人提供服务——就像一个导游一样。

所以，我也希望将“金钥匙”的概念引入导游的服务当中。虽然在许多人的固有概念中，导游门槛很低，高中毕业可能就能做导游，但是这个行业中，也是一样存在“金钥匙”的。这些“金钥匙”阅历丰富、知识储备量极大，能够为客人提供非常多样的知识；他们与无数人打过交道，所以更了解游客的需求。

我前段时间去了胡志明市，住在西贡索菲特酒店（Sofitel Saigon Plaza），我就问一位 40 多岁的管家，我想要吃越南菜、法餐或是意大利菜，应该去哪里，他拿出一张地图，在上面画圈，告诉我每家餐厅的特色、距离酒店车程多久等等。甚至他会告诉我，这家越南菜餐厅是赖斯（IMF 国际货币基金组织发言人）去过的餐厅，我去品尝了之后，也觉得非常有当地特色——尽管它没有米其林星级，但是这种当地特色，就是现在许多游客所追求的体验感。

相比起我的“老本行”——做导游，我目前更侧重在旅游产品的另一个方面，也就是策划出更符合消费者需求的、满足最新消费需求的旅游产品，探究旅游产品的合理性。

史良洁：自由行团应该算是比较新的一种形式吧？

马杰：其实 20 世纪八九十年代，国内旅行社就已经有自由行团了，但是当时这些团面对的，是外来的游客：当时许多华侨、港澳台同胞来到内地，除了探望亲人外还有游览祖国河山的需求，当时的旅行社就会为他们安排相应的行程。

史良洁：现在的自由行团则是面对国内游客，您现在正在做的旅游产品策划，更大的亮点应该在于“金钥匙”的存在，但一般的地陪，尤其是出境团的地陪，可能很难到达“金钥匙”的标准。

马杰：对，如果要专门请一位当地的专业导游为旅行团讲解，其实并不是那么容易实施的。国外导游是时薪制，像在欧洲，一个导游的时薪可能是150—200欧元/小时，这对于国内游客的消费水平来说，还很难达到。

但是我们可以邀请这样的导游讲解一些比较重要的行程。我们曾邀请一位巴黎当地导游为我们讲解罗浮宫，这段行程大概两个小时。他的知识面非常丰富，对历史、文化、艺术都非常了解。当我们走到一座雕像面前，他能详细地对艺术品的流派、如何欣赏、艺术家生平、作品背后的故事等等进行介绍。

史良洁：这就是您所说的“金钥匙”范本了。

马杰：是，他除了要有导游的基础素质外，还必须拥有深厚的艺术素养，你知道这位导游让他的儿子学什么吗？古迹修复！所以这可能也是出于一种热爱。

史良洁：他们专注做事的态度确实很值得我们学习，那么在国内，有这样的专业型导游吗？

马杰：我相信十年后吧，等我们这批人慢慢都退休了，如果还有兴趣在这一行，如果国内这方面的需求越发旺盛，是会有的。其实深圳的一位导游前辈关远图（注：曾任中国旅行社总部公关部经理，后来调入华侨旅行社任总经理助理，后调深圳市中国旅行社做总助。1995年，他创建了深圳第一个导游公司——中畅导游服务公司，一直致力于导游队伍的建设发展）就是这样的人，他了解中国历史，了解中国文化，可以称得上是这方面的行家，而且他服务热情。他告诉我们，只要热爱，就算到了 70 岁，一样可以拿着麦克风展现自己的风采。

史良洁：这种积淀需要阅历的不断丰富。

马杰：至少要到四五十岁这个年龄，知识的储备才有可能达到这个水平，“表演”起来也更加有气场——演员，本来就是导游的第二性格，也可以说是职业性格。

史良洁：对于您个人来说，最喜欢哪个或者哪一类目的地？

马杰：经常也会有客人问我：哪里最好玩？这个问题真的不好回答。历史、人文，或是美食、休闲，我并不会特别偏重于哪个方面，对我来说，去哪里玩都可以很好玩。无论任何一个行程，安全最重要。

史良洁：那么当您和您的同事们从一个目的地归来后，会把旅途中让你们记忆深刻或是别具特色的部分加入到你们策划的旅游产品中吗？

马杰：会啊，比如去年我带了一个团去北欧，去丹麦。大家都知道，丹麦的猪扒是很出名的，而最有名的猪扒，并不是在什么大餐厅里，而是在哥本哈根一个游乐场周边的几间看似普通的餐厅里。那些餐厅，可都是地道的当地人介绍的。

传统的欧洲游旅行团，团餐标准才 8 欧元 / 人，所以是绝对不可能安排在这样的地方用餐，但对于我们这些想要为传统旅游产品注入更多新鲜元素的人而言，这种地方一定要带客人去啊，于是我就带他们去了。

史良洁：亲自品尝了之后，感受如何？

马杰：首先，那个猪肉特别香；其次，本来我们只是知道好吃，但是对分量一点概念没有，等到上菜了才知道那猪扒一份那么大！每人每份猪扒，都有 11 根肋排！中国人根本吃不完一份，我们当时团里最能吃的人，也只吃了 6 根。

吃不完的怎么办呢？不能浪费啊，全部打包带回酒店放进冰箱，第二天坐飞机，一等到空姐送飞机餐，我们团的团友们哗哗全打开了打包用的锡纸袋，在空中再次品味了这份丹麦的特色美味。而这些旅途中的小小趣事，在过去的传统旅行团中都是很难体会到的。

史良洁：做或不做导游，都在这个行业里泡了那么多年，还一直不愿离开，您如何总结您与这个职业的关系？

马杰：因为热爱，所以愿意一直做下去。而我想要做的，就是把我所知道的都告诉大家，给大家美的享受。

和很多资深导游一样，马杰已很少在一线辛劳奔波带团了。但口才一流、知识储备极为丰富又对旅游目的地、景点无比熟悉的马杰们，却不曾离开这个他们深深热爱的行业。

马杰将他对这个行业的深爱、情怀，植入越来越多的个性化旅游产品之中，他用心感受着自己的每一次出发，再将所见所得纳入产品，让更多的客人，能够感受到他在旅途中所经历的那些小波折与小惊喜。

而正是因为马杰们的存在与为了这个行业做出的不懈努力，越来越多品相、价值俱佳的旅游产品呈现在我们眼前，让热爱旅游的您和我，能够拥有更加丰富的选择权，去更有趣的地方，去看看这世界。

“

与游客交心需要付出智慧，要有创新精神。怎么让游客爱上旅游，把旅游当作快乐而必要的生活方式。在美好的旅途中互相欣赏，回到现实生活后大家亦师亦友，我们都收获了很多。每当面临人生一些抉择，我们会倾听对方的看法、意见，平时也乐意和旅友主动分担忧愁、分享喜悦。导游的最高境界是做成“人生的心灵导师”。在我的字典里，没有抱怨，没有疲惫，只把眼前的事做好。

”

刘艳红

——导游应成为旅游的灵魂和旅行社的核心竞争力

刘艳红	1972 年出生
深圳大学师范学院旅游文化系教师、博士，广东省导游协会副会长，深圳旅游协会副会长，深圳市旅游协会导游分会会长，国家高级英语导游，国家导游资格考试中英文考官，历届导游大赛评委，国家旅游局首批师资库骨干成员，国家名导进课堂全国巡回首席讲师。 做专职和兼职导游时间：1992 年至今	
采访地点：深圳大学文山咖啡厅	

与刘艳红相约见面那天，是深圳那年冬天最寒冷的一天。雾蒙蒙的天空，淅淅沥沥下着冰冷的小雨。我赶到深圳大学时，刚巧是中午放学时分。天空虽然下着雨，却遇到一群群阳光十足的年轻学子们从各个教学楼蜂拥而出，我突然有点明白，刘艳红一次次地转身，最后归于校园，着力于培养新生代导游的原因了。寒冷的天气，顿时变得温暖起来。

沿着深圳大学最美丽的文山路，通过绿树成荫的小道，经过留学生楼，转入文山咖啡厅。有学生来就餐，纷纷问候“刘老师好”。

一直以来，刘艳红总是给我以精干、历练的印象。刚落座，刘艳红便拿出她的一份个人资料给我，有简历、学术研究成果介绍，以及发表的书籍和文章内容说明，清晰明了。真是学者风范，严谨细致一丝不苟。

后来再约见她，她正在为深大学生征文评选，她还邀我们一起欣赏学生们的佳作，谈她正在深大发起的学生导游团队的工作。

我们的话题从 20 年前，她获得“全国十佳导游”开始。

史良洁：很多人向我提起刘艳红这个名字，接踵而至的是“全国十佳导游”、深圳第一届导游大赛“金牌导游第一名”等等身份。

刘艳红：1995 年，我参加了“石艺杯”全国导游大赛。此前，全国性的导游大赛还有 1989 年举办的“春花杯”全国导游大赛。

我当时在河南洛阳。国家旅游局发布了举行全国导游大赛的通知，河南省旅游局转发到各城市，要求各旅行社积极参加。我被当时所在的旅行社推选参加。

史良洁：那时候导游大赛还是新鲜事件吧，怎么选拔？

刘艳红：首先是所有初选参赛者通过笔试，每个城市选拔出笔试前 8 名到郑州统一筛选，最后选出全省前 8 名，集中培训后参加全国比赛。我有幸成为河南省的 8 名选手之一，前往北京参加决赛。

上图：1995 年 3 月 19 日刘艳红（右一）在北京颐和园参加全国导游大赛决赛获得“十佳导游”称号后，去参加正大综艺的电视节目拍摄

中图：1995 年 3 月 19 日在北京颐和园排云殿前，国务委员陈慕华（第一排左三）、国家旅游局局长刘毅（第一排左二）、评委及获奖选手合影于颁奖现场

下图：1995 年全国导游大赛部分评委在开幕现场，从左至右：何若泉、魏小安、钟海生、陈蔚德、姚延甲、吕晓燕

史良洁：当时全国到北京参加决赛的选手有多少？经过了哪些比赛环节？

刘艳红：有100多人。先经过了4轮初赛。首先是笔试，然后是情景模拟现场导游。现场模拟可以自选内容，我选的是长城，借用了《长城长》这首歌，当时很流行，在讲解中我用这首歌升华了主题，获得评委的好评，还有才艺展示和演讲。

通过这4轮比赛，从100多名选手中胜出进入前20名，参加最后的总决赛。

史良洁：总决赛难度更大。

刘艳红：总决赛是进行实战比赛。在北京颐和园的各个景点实地导游，现场打分、现场公布成绩并颁奖，真正做到公开、公平、公正。

史良洁：评委由哪些人组成？

刘艳红：评委主要由国家旅游局领导、旅游专家和普通游客组成，总裁判长是王连义老师（中国旅游学院教授、全国历届旅游大赛总裁判长），评委老师有陈蔚德（中国首届旅游管理博士生导师）、吕晓燕老师等（首届广东省旅游协会导游分会副会长、资深导游培训师）。我们20名决赛入围选手被抽签分配到颐和园的20个不同景点景区里，进行现场导游。

史良洁：您说的“普通游客”是指提前安排好的，还是从旅游的普通游客中随机挑选的？

刘艳红：确实就是当天在景区旅游的普通游客。也正因为这一点，对选手来说是最大的考验。也可以说，游客是最好最直观的评委。您解说得好，游客会为您鼓掌，也才会继续听下去。哪个选手讲解得好，哪里的游客就多。这些效应，也直接影响到专家评委的评判。

史良洁：您分配在颐和园哪个景区？

刘艳红：颐和园长廊。

史良洁：还记得那天的情景吗？

刘艳红：当天是1995年3月19日。我讲解结束，所有的游客为我鼓掌。我尤其记得那天，当时国务委员陈慕华、国家旅游局局长刘毅在排云殿前为新鲜出炉的“全国十佳导游”们颁奖。

史良洁：层层选拔，知识积累、临场发挥等等方方面面的考核，最后脱颖而出，获得“全国十佳导游”，来之不易！

刘艳红：的确。从1994年12月到1995年3月，整个比赛期间，应对各种挑战，全情投入，我瘦了十几斤。

我当时扎扎实实的三年导游经历，练就了临场处理各种复杂事务的应对能力、逻辑思维能力和超常发挥的爆发力，是这次入围十佳的有力保障。这次比赛，也是我的一次人生历练，很欣慰，能够借机向专家、评委、全国各地优秀选手学习，收获满满。

史良洁：我记得您学的是英语专业，您是作为英语选手参加比赛的吗？

刘艳红：不是，当年只有中文导游比赛。

史良洁：您有语言优势。

刘艳红：是的。我1989年7月考入洛阳外国语学院英语专业学习，1992年6月毕业。因为就读的是军校，管理十分严格。在大学，我每天清晨6点起床，晨读英语是雷打不动的。周末去英语角找外国人练习口语，还坚持不懈地参加学校举办的口语比赛。第一年没进入口语比赛初选，第三年进入决赛，获得第四届口语一等奖。

史良洁：1995年您参加“全国十佳导游”大赛只有中文比赛，会因为学外语的原因影响发挥吗？

刘艳红：是的。我有时需要将中文转化成英文思考后，再重新组织语言（笑）。所以当初根本没有抱太大的希望，想的是重在参与。也许，就是因为抱着这种轻松的心态，完全没有包袱，才得以“过关斩将”，最后胜出。

史良洁：大学毕业后，您对自己的未来有过打算吗？

刘艳红：我毕业的时候成绩还挺优秀，工作机会多，但是，为了陪伴父母，1992 年 6 月 29 日，大学毕业先在洛阳外办下属单位做外事接待工作，然后就进入洛阳中国国际旅行社做英语导游。

史良洁：当时怎么选择了洛阳中国国际旅行社？

刘艳红：李连杰主演的电影《少林寺》上映后，河南的旅游业发展迅速，到河南的外国游客不断增加，需要大量的外语人才。1992 年刚毕业，就带了我的第一个旅游团。

史良洁：还记得您带的这第一个旅游团的情况吗？

刘艳红：记得很清楚，是陪同一对意大利夫妇，从洛阳去少林寺旅游。我之前从未去过少林寺，景区大门在哪个方向都不清楚（笑）。路上用英语交谈比较得心应手，跟车进入景区，找了一个景区的专职讲解导游，我负责翻译。我刚毕业，长着一副娃娃脸，看上去年龄很小，很友善（笑）。我的英语口语也不错，充当了现场翻译导游，很顺利地完成了任务。

这对夫妇回国后，还专门写来了感谢信到公司，感谢我细致的服务。

史良洁：这给予您很大的鼓励。

刘艳红：是！对我人生第一次工作的肯定，不但是我实习期间的护身符，也对我今后的工作起到极大的激励作用。

史良洁：参加“全国导游大赛”前您的导游经历是怎样的？

刘艳红：主要在河南省内旅游景点。少林寺去了无数次，聆听不同专职讲解员讲述后再翻译给游客，每次都有不同的收获，也有了自己的积累。1997 年很风靡的《走遍中国》专业书籍，有关少林寺的解说词就是我编写的。

史良洁：“全国导游大赛”后对您个人而言有哪些改变？

刘艳红：比赛结束后，我应邀参加了中央电视台当时最火的综艺节目《正大综艺》276 期，做“猜猜看”栏目主持人，任外景主持。还参加了其他社会活动。获得全国“十佳导游”后，好像打开了另一个闸门，有了更多展示自己和发展的机会。

史良洁：怎样的机遇来到了深圳？

刘艳红：获得全国“十佳导游”后，方方面面受到重视，各种机会摆在面前，但是也更清醒地发现了自己的不足，想要打破瓶颈，进一步提高。

刚巧，深圳市深业集团下属的国际旅行社在《中国旅游报》上刊登向全国范围招聘导游启事。我投递了资料应聘，领导非常重视，很快将我以特殊人才身份调入深圳。于是，1995 年，我来到深圳，时光荏苒犹如白驹过隙，到现在二十多年过去了。

史良洁：这期间有哪些难忘的旅途事件？

刘艳红：到深圳伊始，先后做广东入境旅游的地陪工作、国内旅游的全陪工作、出境旅游的领队工作，这些都是新的挑战，必须尽快适应，精通业务。1996 年，我考取了中级英语导游，工作十分顺利。

但是当年，也遇到我人生的大变故。1996 年 8 月 27 日，我父亲去世。当时我正带团到九寨沟、小三峡。父亲因肝癌晚期突然急救。他知道我带团在路上，不让家人告诉我。家人只是说父亲病了，让我带团结束后马上回家看看。哪里知道，即便下了团就直接坐飞机赶到家，却已与父亲永远阴阳两隔。这是我心里永远的痛。

史良洁：您同父亲的感情很深。

刘艳红：父亲一直在宏观上指引着我前行。父亲是我最亲密的亲人，也可以说，是我的良师益友。他的突然离世给我的打击十分巨大。这时，我的男朋友给了我最大的关怀。1997 年，我男朋友从洛阳来到深圳，当年我们在深圳结婚。

史良洁：您父母是做什么工作的？

刘艳红：我父亲师范专业毕业后在教育系统从事管理工作。他每年要去全国各地出差，记得他每到一个地方就会买一本书给我，这给我的童年留下十分美好的回忆。我母亲从事财务工作，性格温和、很有毅力。感谢父母有远见、重教育，不仅给予了我们兄妹们充满爱心的生活照顾，还培养了三个勤奋好学的大学生。虽然我在家排行最小，但是家里从不娇惯我。父母给了我们最好的言传身教，引导我们去做对社会有贡献的人。

史良洁：您的先生给予您最温暖的安慰。你们是怎样相识的？

刘艳红：我们是大学同学，相互照顾。我到深圳工作后，他也来到深圳。所以我说，我的大学生涯是十分珍贵的，取得了优异的学业成绩、健康的身体，还收获了真挚的爱情。

2008 年，我的儿子降生，这个家就更加美好！

史良洁：还记得您的第一个出境游旅游团吗？

刘艳红：1997 年初夏，我带了一个老干部中心的团去张家界，团友是 40 多位 70 多岁的老人，当时他们非常满意我的工作。所以他们要去欧洲旅游，又找到我，要求我给他们当领队，这一条款还签进了旅游合同。

于是，1997 年 9 月，我第一次带团出国就是欧洲。我带着 40 多位老人在欧洲 20 多天，去了 9 个国家。虽然行程较紧张，但是大家非常愉快。后来，我同几位老人还有联系。有时，他们在报上看到我的消息，会打电话给我："小刘，我们在报纸上又看到你的新闻了！"

1998年，我慕名应聘到深圳华侨城国旅，在姚军（现任华侨城集团副总裁）等领导的带领下，开拓出境旅游市场，感谢华侨城集团让我进入新的国际业务领域。

史良洁：您同您的游客都成为了朋友，他们也为您取得的成绩感到骄傲。

刘艳红：的确。我觉得作为导游应该与游客成为交心的朋友。因为工作关系，我已经去过近100个国家。能够带过很多团交很多朋友，这都是人生巨大的精神财富。

史良洁：您怎么做到跟游客交心？

刘艳红：需要付出智慧，要有创新精神。怎么让游客爱上旅游，把旅游当作快乐而必要的生活方式。在美好的旅途中互相欣赏，回到现实生活后大家亦师亦友，我们都收获了很多。每当面临人生一些抉择，我们会倾听对方的看法、意见，平时也乐意和旅友主动分担忧愁、分享喜悦。导游的最高境界是做成"人生的心灵导师"。在我的字典里，没有抱怨，没有疲惫，只把眼前的事做好。

史良洁：记得我认识您时，您已经在深圳市巨邦国旅。

刘艳红：2001年，通过竞争上岗，我幸运地胜出，出任业务总监，感谢领导廖伟平与同事们信任与重托，曾创下年增长8倍的业绩，被评为"优秀管理者"，加入中国共产党。管理之余也从事高端政务接待工作，2005年被授予"深圳市创建全国文明城市工作先进个人"称号。2006年在北京被授予"全国优秀导游员"称号，在北京人民大会堂受到吴仪副总理的接见。

史良洁：后来您又出任深圳市旅游协会导游分会会长，是哪一年？

刘艳红：经过多年的学习实践，理论知识和实践经验都有所提高，

上图：2012 年 2 月，刘艳红（右一）带中国学者团去印度访问，回国后发表《如何做一名睿智的领队》一文

下图：2017 年 3 月参加深圳市旅游协会第七届理事会第三次会长会议

得到业界的认可和厚爱。2007 年，被推选为深圳市旅游协会导游分会第一任会长。受业内同仁厚爱，2015 年又被选举为第三任会长。同时还担任了广东省旅游协会导游分会副会长、深圳旅游协会副会长，努力热心公益，回报社会。

史良洁：目前深圳导游水平大致是怎样的状态？您怎么给导游协会定位？

刘艳红：截至 2016 年岁末，深圳市共有导游总数量 10176 人，注册导游有 7809 人，其中包括高级导游 22 人，中级导游 313 人，初级导游 7474 人，外语导游 671 人。深圳导游队伍中，有 2 位“全国十佳导游员”，4 位“全国优秀导游员”，2 位“名导进课堂”师资库成员，1 位“导游技术技能大师”，10 多位援藏导游，30 多位中英文全国导游资格考试考评员，3200 余名文明旅游志愿者。注册导游分别来源于 10 家导游服务公司。

可以说深圳导游人才和水平大致呈橄榄形结构，两头少，中间多，因此要达到整体水平的提升。

我认为导游协会对导服公司应该是宽松的管理方式，更精细化的管理应交由导服公司执行。比如导服公司从报考导游资格证开始介入，培训班，考证过程跟踪以及岗前培训，跟随师傅跟团学习，甚至考中级、高级导游，都与导服公司息息相关。这种黏度决定了导游与导服公司的紧密关系。新晋导游进入导服公司，由师傅带着学习接受培训，这种方式在行业看来好似不合市场规律，因为很多导服公司是贴钱在做，但这种附着关系，或者挂靠关系，通过感情细节让新的导游学会待人接物，学会带团，最后成长起来。

长期以来高校旅游本科人才的培养重旅游管理、酒店管理，较少针对导游培养，专业培养多集中在高职高专，导游人才的低层面和缺乏相关教学改革研究，最终造成培养出来的导游文化修养与文化感染力不强，外语水平低，致使国内高层次文化导游人才极度缺乏。尽快出台措施培养高素质的导游是旅游院校培养人才的重要发展方向。

史良洁：您是怎么从导游转向教学工作，与深圳大学结缘的？

刘艳红：2008 年 11 月，经时任深圳市旅游协会会长吴斌的推荐，我在深圳大学师范学院旅游文化系为学生开设旅游讲座，得到深圳大学老师和同学的广泛认可。

2009 年 1 月，硕士毕业后，正式成为深圳大学师范学院旅游文化系讲师。

史良洁：这与您一直没有放弃学业息息相关。

刘艳红：是的，大学毕业我一直没有放弃学习。我大学的第一个专业是英语，为了紧密结合所从事的旅游工作，先是通过自学获得了经济学学士学位，后来攻读了暨南大学旅游管理硕士学位；最后通过不懈努力成为四川大学旅游管理博士。

1996 年，我考取了国家中级英语导游；2011 年，考取了国家高级英语导游。

史良洁：您在深圳大学主要开设了哪些课程？

刘艳红：教学课程分为四类、十门，一是导游相关知识类，包括导游基础知识、导游业务、导游艺术等课程；二是英语类，包括导游英语、旅游业英语、英语听力等课程；三是管理类，包括旅行社经营管理、旅游管理等课程；四是创新短课类，包括文化旅游产业创业与创新、模拟导游等课程。

史良洁：这些课程的设置是您从实践到学术的华丽升华。刚才从教学楼到这个咖啡厅，一路遇见不少学生，看到出来，学生们非常喜爱您。

刘艳红：我很幸运，遇到深大的领导、教师这个优秀的团队，他们理论性强，也具有实践探索精神。我们的教学设置积极适应市场需求，注重规范化、理论化，也主动与市场无缝链接。

我是一个追求严谨治学的老师。每天早上，我会按预约时间表带几个不同的学生晨读英语。教学之余带领学生积极参与社会实践活动，辅导学生参加全国英语导游证考试。目前，已经有 182 位学生拿到导游证书。2011 年，深圳举办世界大学生运动会，师生们做随车导游、自愿者等工作，广泛参与。因为起草、撰写中英文随车服务讲解词，一对一教师外语志愿者等优秀表现，我获得了“市杰出志愿者”荣誉。

在深圳大学的这几年，我的教学每年被评为优秀。2012 年，我获得“感动深圳教育人物”30 人之一、深圳市教育局“我最喜爱的教师”称号；辅导的学生有参加深圳市文体旅游局组织的英语导游大赛，获得英语第一名，有参加省导游职业技能大赛获得第二名的。脚踏实地培养大学生综合素质与能力，为大学生积极寻找实践与发展机会、组建文明旅游志愿者深大支队、倡导奉献社会的精神，2016 年被评为“深圳大学优秀共产党员”。

史良洁： 英语晨读？对大多数人来说是历史了，只停留在中学阶段。

刘艳红： 我从中学到大学一直坚持晨读，现在带领学生晨读。

史良洁： 目前您的工作重心主要转向教学和研究？

刘艳红： 是的。目前国内研究导游，研究旅游创意管理和文化旅游的并不多，我希望有更多的时间研究它，找到解决现实问题的办法。可喜的是，这两年，一些旅行社或导服公司已经在有意识地建立行业标准，树立行业榜样。不少旅行社已经开始把导游当作核心竞争力。考虑到一线导游把握了旅游产品的评价端口，不少旅游企业出台了导游评价体系，比如推广打造导游工匠精神项目，又如借鉴旅游业海底捞模式，给予导游关爱，对导服公司注入管理者的感情，从细节上进行创新，再如国家旅游局倡导发现身边最美导游活动等等，都有很好的效果。比如国旅新景界推出的TOP金牌导游，讴歌带领游客发现世界之美的一线导游，点击率已达十几万，相信大家都会感动于这些人拥有如此丰盈的人生。

史良洁：听说您在深大组建了一支学生导游队伍？

刘艳红：是的，除了教学，以及旅游创意、旅游产业等方面的研究，另一个侧重点是在校长李清泉、系主任唐振华老师的带领下，探索大学生校园导游队伍培养的理论与实践。目前已培养了58名大学生导游，逐步扩大校园导游接待队伍。大一时就要求他们能做到校园导游，策划美洲文化节，设计海报，在全校做文化节宣讲……2013年11月至2016年12月，师生接待了来自18个国家和地区的2195名来深圳大学参观的中外访客。如刚刚完成的对澳大利亚美好合唱团的来访接待，既给学生提供了锻炼的机会，又加强了他们对深大的认同感。这种机制也对其他学校有所借鉴。同时，我们尽量把新鲜血液输送到旅游行业中，开展定制性培养。无论他们将来是否从事这个行业，拥有一段这样的经历，专业能力将得到提高。

史良洁：十分佩服您的毅力。在深圳市文体旅游局看到《深圳导游词》一书，其中有些篇章是您负责主编的。教学之余，您参与了哪些书籍的编撰工作及学术研究？

刘艳红：从2009年开始，我陆续参与完成了7本著作，个人完成总字数超过30万字。2011年7月，受深圳文体旅游局委托，为迎接深圳世界大学生运动会，更为了给深圳导游编写工具书，和郁龙余教授等主编了《创意深圳　时尚之都——深圳导游词》，历时两年多，全程参与44万多字的统稿、写稿、校审、美编等工作，独立撰写了五章约17万字。

这期间，在各大学术期刊，发表了《如何做一名睿智的领队》、《中国导游职业生涯规划浅析》、《高层次导游人才培养模式研究》、《基于价值链的旅行社发展战略研究》、《马斯洛需求理论视角下的海底捞服务创意研究》、《大学生校园导游培养研究与实践探索》等十余篇学术论文，主持了三个省市级科研项目。

2009 年成为“国家名导进课堂”的首批国家级师资核心成员（首批全国共有不足 40 人），并成为全国巡回讲课最多的老师之一，曾在南京、桂林、成都、杭州、乌鲁木齐、南昌、广州、厦门等各站讲学。2013 年，澳门召开“第十五届世界导游协会联盟大会”，非常荣幸地担任英语主讲嘉宾。

史良洁：事业上您取得累累硕果。平时教学、著书，节假日带旅行团之余，您怎样平衡家庭与工作的关系？

刘艳红：我尽量做好时间管理，将工作和生活安排得有条理。我家在深大附近，一周两次带领几个学生晨读练习英语，长期坚持。白天上班时间，争分夺秒把教学和科研内容处理好。晚上下班后，自己边看书学习边陪家人。这一切，也得感谢我先生，他全力支持我的工作与学业。

史良洁：到深圳的人都有租房、搬家的经历。您有过吗？

刘艳红：1995 年来深圳到自己买房，这期间，我一共租住了 3 个地方。2000 年深圳电视台采访来深打拼的年轻人，实地拍摄了我的 3 个租住地。

史良洁：这么多年的旅途中，有遇到突发事件吗？处理的经过是怎样的？

刘艳红：2004 年 8 月，我带领一个 11 人的深圳团队到马尔代夫进行五天休闲度假旅游，亲身经历了 24 小时惊魂之旅，先是游客黄昏垂钓后返回酒店海滩时被鱼击伤，由于当时不知道是被什么鱼所伤，游客伤口又不停流血，在医务室，才知道原来游客被鳐鱼伤了。要知道，这种鱼有些是有毒的！我赶紧请值班医生打电话到马累首都医院，向急诊医生求证，还好击伤游客的鳐鱼不带毒。

2004 年 8 月 13 日，一早就和全体游客到马累，把行李寄存好、安排游客复诊，确认没有问题后，我们就赶到马累的海岸广场观光，幸运地看到了穆斯林周五礼拜的盛况！三点多钟，游客们刚从商店出来，就听到不远处传来“啪啪”两声枪响，随即，马路上的人四散奔逃，场面极其混乱。据后来相关新闻报道才了解到我们遭遇了政治骚乱，因抗议而演变为暴乱，导致 4 人死亡，100 多人被捕。

当时我只有本能地举高导游旗，对跟在周围的游客高喊“跟我回中央酒店”，保护尽量多的游客，然后紧紧护住团长，以确保他这个领头人的安全。顺着人流奔跑的方向，凭借团旗和不停地召唤，我终于找回了团队的每一位游客，还保证他们无一人受伤或走散，平安回到酒店！我马上拨通了深圳旅行社总部电话进行汇报，告知具体情况，同时请求必要时向领事馆求助。接着又迅速找到酒店负责人，交涉派专车为我们免费提供服务，等时机成熟时送我们赶赴机场等事宜，得到了酒店的大力支持。大约一个小时后，待警报声远去、呼啸的车流静下，我们被安全送到机场。

在处理与预防旅游突发事件的过程中，导游既要有冷静清醒的头脑，又要有果断严谨的工作态度；既要有丰富的旅游法规知识，又要有灵活应变的能力与人文关怀的服务技巧。

史良洁：国外旅途中常见哪些事故？怎样处理？

刘艳红：坚持做到，每天从零开始，出发前像新手认真充分做好准备工作。谨记防患于未然，出了问题，要从容应对并主动做好善后工作。在处理与预防旅游突发事件的实践中，我总结了旅游危机管理的“一二三四”原则。导游应该抓住“一个中心”，即以游客为中心。实现“两个管理”，即做好自我管理与管理好团队。强化“三个关键”，即导游在危机预防、危机化解、危机善后三个关键时期，应该做到“提早有效地预防”“合理快速地解决”“认真务实地总结”。协调“四个关系”，即导游要充分调动各个环节的能动性，即兼顾游客、组团社、地接社、相关部门（如领事馆、政府对口机构、机场、酒店、景区、保险公司等）方方面面，从而达到最佳协调效果。

2011 年国庆节，带旅行团去尼泊尔。团员是广东拼团，20 多人。在加德满都，有团友要求提前回国，说要回国追 700 万债款。我连夜帮忙联系国内的律师朋友，帮忙处理；一女孩腹泻，急性肠炎，及时送医院就医；其中一位女士刚巧生日，我悄悄准备了生日蛋糕为她祝贺，她同丈夫非常感动。从加德满都到帕坦，沿途 12 个小时，沿途高原山路，十分惊险。组织大家路上欢歌笑语，使得旅途开心难忘，结下了深厚的友谊。

史良洁：怎样看待《旅游法》的出台？

刘艳红：回归服务的本质，尊重导游的价值。回归到导游受人尊重，导游生活有基本保障，社会要给予客观公正的评价。

从事国内游的传统旅行社营业压力大，旅游收入有下降，应顺应市场需求，走差异化、特色化发展之路。但是总的来看，出境游量大，影响不大。高端游、深度游没有受太大影响。市场优胜劣汰，需要一个过程。

史良洁：您怎样看待目前社会上普遍存在的认为导游队伍良莠不齐的现象？

刘艳红：导游的素质良莠不齐，但是可喜的是大学生进入导游的数量在增加，这是对旅游行业十分有利的现象。大学生新鲜血液流入旅游行业，促进专业水平的提升，对整个行业的素质有提高。

史良洁：《旅游法》第三十五条明确：“旅行社不得以不合理的低价组织旅游活动，诱骗旅游者，并通过安排购物或者另行付费旅游项目获取回扣等不正当利益。旅行社组织、接待旅游者，不得指定具体购物场所，不得安排另行付费旅游项目……”这对导游界有怎样的影响？对您的导游工作有哪些具体的影响？

刘艳红：我很幸运，没有遇到零付低团费的旅行团。就好比一个好的产品消费者会追随一样，我所经历过的旅行团从接团到操作，都是在一个良性循环的状态下进行。认真对待游客，脚踏实地地接待游客，做好服务。真正做到“民间外交家”的使命，感情真挚纯朴，没有功利目的。最后收获更多更大。

我从专职导游到现在兼职导游，这么多年从来没有收到任何投诉，这也是我最值得骄傲的一点。

史良洁：要实实在在关心导游。

刘艳红：是的，社会要改变对导游的看法，导游都是一群平凡的人，从中找到亮点，了解他们的付出和可爱可敬之处。比如近些年频频发生因车祸导致导游死伤的事件。原因是导游往往在车门口通道的“导游专座”上，一旦发生事故，危险系数极大，如果游客数量多，本属于导游的第一排工作座位往往被游客占据，因此很多地方出台了关于规范和确定旅游大巴上导游座位及讲解位置的规定，要求控制游客数量，预留导游座位。导游在保障游客利益时，谁来为他们服务？这些是管理者要优先考虑的。目前深圳市文体旅游局和深圳市旅游协会已促成了导游专座并多次检查落实情况，值得推广。

深圳百事得等导服公司在为员工营造良好内部氛围的时候，还把这种关怀延伸到对员工的生活困难上的帮扶，我觉得这正是当前导游最需要的，也是企业的责任。因此对于我们导游协会与导服公司的关系并非业务竞争关系，导游协会对导服公司要做的是宏观性的、辅助性的管理。对导游的关怀要体现在实处，正如歌中所唱：“生活不只有眼前的苟且，还有诗和远方的田野”。现实中，虽然具体到每一个导游都有自己要面对的柴米油盐，但是导游的工作是带着游客去感受世界的美好，他们可以“为了找到那片海，不顾一切！”

史良洁：为了把最好的体验带给游客，导游们也是拼了。

刘艳红：是的。不排除行业也有污垢，但需要正面的引导。我常常想，那么多倒在岗位上殉职的导游，为什么没有更多人去关注，去感动？我们要反思“海底捞”的服务创意创新理念，企业除了服务客户，也要解决员工的后顾之忧。希望旅游行业要有“海底捞”的精神，为导游做好服务，让导游服务好游客，共同努力，做好服务做回头客。要不断培养忠诚导游和优质客户。

史良洁：作为深圳市导游协会的负责人，您觉得这几年旅行社或者导游队伍是否有所变化？

刘艳红：深圳这几年有两件事我觉得特别欣慰。首先是社会对导游的评价越来越高，尤其是出境旅游市场出现了年轻新生派领队，有颜值有实力。其次是，越来越多人开始研究导游工作流程细节问题，探索导游激励、晋升机制。如打造导游界“海底捞”服务，导游服务创意创新，打造 TOP 金牌导游等。因此我的研究领域也不断变化，重点关注服务战略与创新管理，文化旅游创意创新等领域。

文化旅游产业是新型产业，是未来五年带动经济的最强引擎，这个研究越深入越有趣。

史良洁：从专职导游到现在兼职导游，入境导游、出境领队、全陪领队您都做过，感觉有何差异？

刘艳红：入境旅游注重讲解、文化沟通，重点是对本地文化意识的强化；出境领队，是跨文化、多元文化的挑战，克服中外文化的差异，做到全面把控；国内全陪，重点是与国人打交道，全程考察导游组织管理、为人处事能力。

史良洁：您平时会找机会同家人一起去旅游吗？一般会去哪些地方？

刘艳红：每年有省内、国内、国际 6 至 10 次左右出游，旅游计划逐渐兼顾家人，出境游偏多，亚洲、美洲国家为主。

这几年连续暑假在美国 20 多天，主要在为英语类课程进行教学探索；带夏令营的团，继续巩固业务，为学生开拓新兴就业市场。

史良洁：接下来，有哪些计划？

刘艳红：做旅游百花园中的一棵绿色小草，脚踏实地地做事，尽可能地为更多人做事。更多地担当起社会的角色，是一个人更加成熟的标志。不忘初心，方得始终。在事业、家庭、健康各方面尽量做到均衡发展，您将会发现整个人生也会发生很大的变化。

做好眼前的事，生活上知足常乐，事业上精益求精。怀着一颗感恩之心，在身边营造一片爱心之地，人人友爱，良性循环。

T I M E

00

年 代

导游正成为一种时尚职业。一批热爱旅游，高素质且知识全面的新生代导游，成为旅行社的中坚力量。他们虽然年轻，但有很强的处世能力和组织能力。尤其是外语类导游，更成为专业化的技术人才。游客对导游的要求，是更深度、更个性的讲解。

“

李樱樱带着对“导游”这个职业的美好向往来到深圳，成为这个行业中的一员。后来，她是深圳第一批募师支教者，2011 年又成为了“募师支教活动”的直接负责人，直到五年后的今天依然从事着公益事业。

”

李樱樱

——带美好幻想而来，携温暖之心而去

李樱樱	1982 年出生
深圳第一批募师支教成员、2008 年北京奥运会火炬手、曾经提名 CCTV 感动中国人物。做导游时间：2005 年—2011 年	
采访地点：深圳市关爱办会议室、深圳市福田区社会组织总部基地	

访谈录

几年前在深圳市宝中旅游见过李樱樱，她当时是董事长秘书，接触不多，印象里如江南女子般温婉秀丽。

常听旅游界人士提及她，因为她是深圳第一批募师支教成员、全国十佳导游、2008 年奥运会火炬手、曾经提名 CCTV 感动中国人物……面对面坐着，李樱樱声音清脆、爽朗热情、风风火火，根本不是印象中的江南女子——而这，可能才是真正的她，射手座，热情、自由、永远保持好奇心。

李樱樱带着对“导游”这个职业的美好幻想来到深圳成为这个行业中的一员，后来，她是深圳第一批募师支教者，2011 年又成为了“募师支教活动”的直接负责人，直到五年后的今天也依然从事着公益事业。

而在她不间断的爽朗笑声中，我听着她那些年做导游的过往，想象二十岁出头刚毕业便踏上导游之路的瘦削女孩曾经历过怎样的艰辛与委屈，而她却用毫不遮掩的大笑告诉我，那些日子，她收获良多，再度回首，她从未后悔。

史良洁：你大学学的是英文专业，毕业做了导游，当初为什么会有进入这个行业的想法？

李樱樱：那时候年轻嘛，对导游这个职业充满幻想，觉得可以到处游山玩水，太好玩儿了！还有一个原因呢，是我小时候老看那个《正大综艺》节目，看到里面的导游这玩玩那玩玩，就挺向往的。

史良洁：于是受到这个节目的启发，就去考了导游证？

李樱樱：对，当时就觉得那个节目特有意思，又想着当导游不仅能游历山水，还能像节目里那样体验很多很惊奇的东西；另外想着，这个工作性质肯定跟那种很死板、天天要按部就班坐班的工作不一样，可能每天都像跟朋友出去旅游一样。刚好大学的时候利用假期可以带团，干脆考个证吧。但当时最主要的吸引力其实是，拿着导游证，去哪个景点都不要门票了啊！

史良洁：导游证并不是那么好考。

李樱樱：还好啦，主要这是我感兴趣的事情，再说，考证这事不就是那几个月突击那几本书嘛（笑）。

史良洁：毕业就做导游，家里当时有反对的声音吗？

李樱樱：反对啊，我是黑龙江大学英文师范专业毕业，如果我选了老师这个职业，基本就是铁饭碗啊，而且越老越值钱。但导游对女孩来说基本上可以说是吃青春饭的，又那么辛苦，家里人刚开始很反对。

史良洁：你毕业后进入了哪间旅行社？

李樱樱：现在应该叫深圳市宝中旅游旅行社，我在的时候还叫“宝安中旅”，当时的业务内容也很简单，就做入境地接这一块儿，主要是接待一些中国台湾，以及新加坡、马来西亚客人。

虽然我考了导游证，但毕竟不是学旅游专业的，最初进旅行社的时候，我就觉得，导游就是带着客人出去玩。直到进了公司，我才知道导游也分得很细，有地接、全陪、出境领队等等——哦，原来是这么回事。

史良洁：刚进旅行社是什么岗位？

李樱樱：就是地接，以深圳为主，也会有珠三角的其他地方。最长时间的团也是省内，接待的都是外籍游客。

史良洁：第一次带团什么感觉？

李樱樱：特紧张。书本上学过、看过的东西终归是“纸上谈兵”，根本没有实操过。那时候拿到一份导游词，是能背得滚瓜烂熟，但是讲的时候总不能像演讲一样慷慨激昂，必须要是像跟客人聊天一样讲，这就需要锻炼了。

而且那时候，毕竟自己了解、掌握的知识还少，心里其实是挺害怕

访谈录

2006 年，李樱樱在家访学生途中

的——要是客人问的，不是你书本上看过的那些东西怎么办呢？所以，这个工作其实还是靠经年累月的积累和积淀。

史良洁：你第一次带的是什么团？

李樱樱：是一个台湾团，当时给我留下比较深印象的是，台湾客人都特别有礼貌，对我很客气，认为导游是在为他们服务的，全程下来相处得都特好，因为也是我第一次实操，从中学到了很多。

另外我也出过全陪，去的第一个地方是桂林，一趟带下来最大的感触是，全陪跟地接相比性质完全不一样，地接只要客人来了，我给客人讲解好、妥善安排好吃住行，这全陪出去怎么就像个保姆一样（笑）！

史良洁：是，听别的导游也说过，做导游就得甘当“服务员”！

李樱樱：还有什么“起得比鸡早，睡得比狗晚”之类的行业俗语，反正这行就是外行看热闹，进去了，才能看到门道，了解个中艰辛。

史良洁：做导游的几年时光里，有什么感受比较深的事情？

李樱樱：第一是外籍客人和国内客人的旅游方式吧，外籍客人来到中国，看重的是体验感，中国客人还是有很大一部分会有“打卡”的心理，到了地方拍了照就行了，中外的生活方式截然不同。而且很多国内跟团游的客人对价格更敏感，青睐价格更低的团，当然，这几年国人的生活环境和消费习惯都已经发生了变化，越来越多的高端团也很受欢迎，国人也慢慢开始理解，旅行不仅是“到此一游”。

另一个是在我导游生涯里感到很温暖的，就是当时我们那些导游之间的感情特别亲密。其实同一个公司的导游，因为工作性质，很难说坐在办公室里朝夕相处，都是拿了团单就走了。但有些瞬间，在陌生的城市或是哪个景点，猛然就看到跟你穿一样衣服、举一样导游旗的人，立马就觉得特亲切，我觉得那是一种特殊的感情，不像是一起生活、学习的大学同学，也不像一般泛泛之交的同事之间，更像是一块奋战的战友，彼此的苦乐都能体会。

史良洁：现在跟以前的导游同事还有联系吗？

李樱樱：当然！而且现在科技发达了嘛，朋友圈“点赞之交”也可以联络感情了！

很多以前的同事都离开了这行，虽然别人都说同事没有真正的朋友，但是那么多年沉淀下来，我觉得那还真是友谊，这种友谊是建立在我们有很多相似的经历，像是带团大家一起吐吐槽，聊聊工作上的艰辛、麻烦的客人之类的。

史良洁：英文专业出身，你觉得这给你后来做导游带来了优势吗？

李樱樱：单纯从专业上来讲，可能未必有多大的优势，毕竟学的也不是旅游英语嘛。而且我最早进入这一行，公司接的团也并不都需要讲英语，但是在面对一些外籍客人的时候，可能我更能理解他们的生活观念，知道他们需要什么。

史良洁：像你说的，外籍客人的生活方式和旅行方式跟国人都很不同，那在你带这些外籍团的过程中，你会不会为他们介绍一些当地有特色，但是行程中并未涉及的地点？

李樱樱：正常来说这样做是违反规定的，而且客人既然参团了，那么就是对行程签字认可了的。当然你可以跟他们说，因为这次团有一些不足，或者因为时间有限、行程安排本身就是以泛泛游览为目的，那么你们下次再来可以去哪些哪些地方，就像是朋友聊天那样给他们介绍一下是可以的。

史良洁：你现在已经转行开始从事公益事业，那么做导游的这段经历，对你后来的生活、工作有什么样的帮助吗？

李樱樱：当然会有的，毕竟走了那么多路。你想一个上班族就算每个假期都出去，那也得多少年才能走我那么多路呢！而且到了当地，了解风土人情、带团过程中跟不同的人打交道，慢慢也就培养出了能很快对接触的人的秉性有个大概了解的能力；因为导游要对行程安排、出团过程中的所有细节负责，也就有了比较强的全局观，我相信这对做任何工作都是有很大帮助的。

史良洁：做导游的这些年，你主要是在国内吗？

李樱樱：刚入行时因为公司只有入境接待这一块业务，所以基本也只在省内跑。后来正好我支教回来，公司也发展壮大了，可以组团了，不过刚开始也只是境内团，2011 年后慢慢有了出境业务，我本来也打算做出境领队的，但还没来得及就离开了那个圈子了。

史良洁：国内应该都走遍了吧？

李樱樱：国内常规的线路基本都走过了。

史良洁：对你个人而言，在你走过的那么多地方里，你最喜欢的是哪里？

李樱樱：喜欢原生态一些，比较有异域风情的地方，比如西藏——虽然去到的时候高原反应非常严重，虽然走的是常规团，并没有深入到珠峰大本营，但是一到那里，感觉离天那么近，藏民那么朴实、虔诚，这样一个和自己生活的城市全然不同的地方，容纳了那么多纯粹的灵魂，还是让人很着迷的，并一定要一去再去的。

史良洁：你现在自己出去旅行，会选择什么样的目的地？

李樱樱：可能因为有过这段做导游的经历，我现在不愿意选那些常规景点，如果自己去旅行，要不就是像西藏这样的原始风貌，要不就是和朋友一起放松度假。

史良洁：现在自己出游会跟团吗？

李樱樱：其实现在很多旅行团品质特别好，价位也很合理，但我这个人吧，其实是很随心所欲的。本来上班就已经朝九晚六了，实在不想

2008 年，李樱樱参加“全国红色导游员电视大赛”，获“全国十佳导游”称号

旅行的时候还被行程限制住——我今天可能就是不想早起啊，自由行就能允许我睡到下午！

不过淘机票、自己定行程这种事儿可能也只有年轻人爱干。如果我安排父母出去旅行，除非我跟着，否则我还是会给他们挑个品质高的团。

史良洁：自己做过导游，在挑选团的时候可能特别有经验吧？

李樱樱：是啊，我觉得很多人报团和买东西时的心理都是选最便宜的，但事实上，探寻价格背后，贵的团肯定有贵的道理，吃住标准肯定不一样，还有自费项目、是否含门票等等，游客在报团时都应关注。

史良洁：做导游这些年，看到自己和身边的同行有哪些变化吗？

李樱樱：可能很多女孩做导游，最初都像我一样，抱着各种各样美好的幻想，但是几年的实战和磨炼下来，其实比很多其他职业的人成熟得要快。

史良洁：做导游之后，有没有遇上什么特别难忘的事？

李樱樱：我到现在都还记得很清楚的一件事，是我刚毕业的那一年过年时发生的事。春节期间是入境团最忙的时候，民俗文化村里满满当当全是人。我有个发小，本来说好了我们俩要不一起在深圳工作，要不一起在北京，结果我来了深圳，她去了北京安安稳稳地做了老师，过年自然就回家陪父母了。大年初一，我给父母打电话拜年他们跟我说，你没回来，但是你的好朋友来家里拜年了。

当时我心里的感受特别复杂，一瞬间就体会到了种种做导游的不易，但让我更为感触的事，有这么一个好朋友，能替我回家看望父母，而如果没有我做导游的这个前提，我可能永远也不会遇见这样一件让人铭记在心的暖心事。

史良洁：有一件挺让人佩服的事，那就是你去支教。那时你到深圳还不到一年，是受了什么影响突然去支教的？

访谈录

李樱樱： 大学看了倪萍主演的电影《美丽的大脚》后，就想自己一定要去体验一下乡村教师的生活。终于，2006 年 4 月到 2007 年 7 月，我有了这样一个机会。

而且说来也挺巧的，当时是因为我姐姐的男朋友中了一年的《深圳商报》赠阅，我在姐姐家没事翻翻报纸，刚好看到刊登招募支教老师的新闻，就立即报名参加了！

史良洁： 看来和我们《深圳商报》很有缘分啊（笑）。

李樱樱： 是喔（笑）。

史良洁： 报名后，经过了哪些程序最终确定将你招募为支教老师的？

李樱樱： 前后经历了面试、考试、培训等资格认证，最终我成为了深圳关爱办募师支教活动的第一批支教成员。我们第一批支教老师一共 5 人，来自全国各地，三男二女。年纪最大的是深圳一个职业学校退休的老校长，我是最年轻的。

史良洁： 你们 5 个支教者在同一个学校吗？在哪个学校支教？

李樱樱： 我们在湖南省常宁塔山瑶族乡中学支教。我和退休的老校长分配到山上的学校，另外三人分配到山下的学校，两个学校相距 20 多里路呢。

史良洁： 你在支教的学校主要教哪些课程？

李樱樱： 给初一、初二的孩子上英语课。

史良洁： 支教的学校之前有英语老师吗？

李樱樱： 之前教英语的老师，是一个已经在那任教了 30 多年的老先生，特别不容易。

史良洁： 30 多年！那你当时支教的学校，原本一共有多少老师？

李樱樱： 原本有 12 个老师，全是男老师，我们去了后成为 13 个男老师加上我这个唯一的女老师。我们当时不都住校嘛，当地的男老师就

2007 年，李樱樱在湖南塔山县中学支教任英语老师

开玩笑，说我没去之前，他们拎一桶水可以在操场冲凉，我去了，他们得退回到房间冲凉（笑）。

史良洁：（笑）你教的班级有多少学生？

李樱樱：有 40 多个学生，由于山路崎岖，学校离学生家都很远，孩子们周一到周五住校。支教期间，我每个家庭都走访了。

史良洁：支教老师有薪水吗？

李樱樱：我们支教老师学期里每个月补助 2000 元，放假不上课时就没有补助了。

史良洁：想象中乡村风景秀丽，你们会到户外上课吗？

李樱樱：大山里环境特别好，我们会像《音乐之声》电影里那样，到户外给孩子们上课，在大自然中让孩子们去体会。

史良洁：你一共支教了三个学期，这期间的寒暑假你有回到深圳吗？

李樱樱：支教期间的假期我会回宝中旅游带团，利用寒暑假继续做导游。后来深圳宝中旅游成为组团社后，有了更多的旅游线路，那两年里我带团去了国内的主要常规线路，像是北京、西安、云南、上海等。比较特别的线路是西藏 5 天常规团，我借此机会也走到了林芝、纳木错、大昭寺、布达拉宫等等西藏著名景点。

史良洁：支教结束后，你又回到宝中旅游了吗？

李樱樱：是的，不过支教结束后我到了导服公司、办公室做秘书，还做了计调业务。

史良洁：记得你曾入选中央电视台“感动中国”人物评选活动。

李樱樱：2007 年，我候选中央电视台“2006 感动中国”人物评选。一开始我不知道自己入选了，当时是广东的媒体经过筛选后推选出来的，各地媒体在广泛报道后我才知道。其实，深圳这座城市的关爱活动最值得骄傲的是 2011 年，我们“募师支教团队”入选央视“感动中国”。

史良洁： 2008 年你当选奥运火炬手，这应该也算是特别难忘的事情，当时是怎样入选的？

李樱樱： 2008 年，电视台推选可口可乐奥运火炬手，我入选。5 月 8 日，在深圳举行火炬接力。我当时跑的路段是滨河大道、滨河小学附近一段。是盛大节日，很荣幸。

史良洁： 记得你曾获得“全国十佳导游”，是哪一年参加的全国导游大赛？

李樱樱： 2008 年 6 月，参加“全国红色导游员电视大赛”，经过层层推选，我代表广东省参加在北京举行的总决赛获得优秀导游。

史良洁： 经过了哪些环节？

李樱樱： 主要是通过事前录制的影像资料筛选，我作为广东省唯一选手到北京参加决赛。经过才艺表演、红色旅游知识问答、现场景点导游等环节比赛角逐，我获得第七名。

史良洁： 现场讲解你选择的哪个景点？

李樱樱： 我当时讲解的是广州烈士陵园。

史良洁： 比赛中还有什么印象深刻的事件发生？

李樱樱： 记得当时总决赛是同中央电视台的智力节目《状元 360》合作，比赛现场布置了很多《状元 360》的宣传背景，同期录制，参加了一回中央电视台的节目（笑）。

史良洁： 你的职业转变，应该受支教经历影响很大吧？

李樱樱： 是的，而且我到深圳就开始做导游，年轻人在大城市里，每天一睁眼就是房租等等各种开销，当然想着怎么才能多赚点钱，也难免会产生对比，比如我今天辛辛苦苦带了一个团，但是没赚到多少钱，心理多少会因为各种各样的原因有些失衡。

但是 2006 年去支教，在那种纯粹的氛围里，我就开始思考：我们

2008 年李樱樱带团在西藏

当然可以追求想要的高品质生活，但那并不是物质水平越高、钱越多就能得到的；我们应该在自己已有的物质水准基础上，追求自己的生活品质。从那里开始，我不再把物质看得那么重。

曾经做导游是因为梦想周游世界，觉得旅游“好玩”，几年下来，有了一定沉淀，也想调整自己。于是，2011 年 11 月，我到了深圳关爱办工作。

史良洁：在深圳市关爱办主要负责什么工作？

李樱樱：我原先主要负责募师支教工作，每年两批，两学期，一学期一批。从 2006 年到现在 10 年了，现在已经招募了 20 批、1300—1400 人了。第 19 批募师支教之后，我到了现在所在的创意谷公益文化发展中心这个公益品牌项目，负责一些比较有创意的公益项目。

史良洁：通过怎样的方式招聘支教老师？学历有什么要求吗？需要培训吗？

李樱樱：我们面向全国招募，在其他城市也宣传，全国各地都有自愿者来参加。支教者的学历要求大专以上，有教师资格证的优先考虑。通过面试合格后，再集中培训。主要进行专业知识、团队精神等方面的培训。

史良洁：你们通过怎样的渠道与当地支教学校对接沟通？

李樱樱：支教的学校主要是小学、初中。一般情况，学校如果需要师资力量会向当地教育局汇报。我们就直接与当地教育局联系，由教育局提供信息、负责沟通联系。现在，因为安全因素的考虑，一般支教的学校地理位置都不会太偏僻。深圳关爱办的自愿者现在主要去江西、贵州、山东等地支教。深圳有一个“蓝粉笔”机构，还专门组织深圳资深教师到当地去培训乡村教师。

史良洁：深圳应该有大量爱心企业捐赠物质到当地学校。

李樱樱：是。深圳是一个充满大爱的城市，许多爱心人士捐赠钱物给有需要的乡村学校。有爱心人士捐赠教学器材，但是，出现了乡村教室虽然有了电脑但是没有网络，无法与外面的世界链接的尴尬情况。当地调侃：“联通联不通，移动要移动着才通。（笑）”

史良洁：现在出游的频率高吗？最近去了哪些地方？

李樱樱：基本上只要有假期我就会出去，虽说我以前走马观花式地走了中国很多地方，但还有很多角角落落没去过呢！所以要利用假期把它们都填满。刚过去的五一小长假，我跟朋友看临时也买不到出远门的票了，就坐着“和谐号”，跑到广州一个特偏僻的地方叫“石围塘火车站”玩儿，我好多朋友都说我是去探险的。

再往前一点，过年之后还带着父母去了趟厦门，让他们也感受一下我们年轻人喜欢的小清新式的旅游。我前期制定好了旅行计划，带上我的尤克里里（夏威夷小吉他），我们家老李（李樱樱父亲）做领队、我妈做财务，我觉得特有意思。

史良洁：是不是在做旅行计划的过程中，又找回了做导游时那种兴奋感？怀念以前相对自由自在的生活吗？

李樱樱：是啊，现在最让我激动的就是出去玩了！不过要说怀念，我觉得人就是这样，以前我带团的时候就特羡慕那些朝九晚五的客人，心想我也要找一份这样的工作，假期出去玩让别人给我服务；但我现在真正过上了这样的生活，看到以前同事发他们做出境领队拍的照片，我又开始羡慕了！

史良洁：旅行的时候有导游“职业病”吗？

李樱樱：好像有一点，像我带父母去鼓浪屿，回来以后就会问我爸：“老爸你知道鼓浪屿为什么叫鼓浪屿吗？”还问我妈：“妈，我们走了几个隧道啊？”

跟朋友出去玩，也会事先了解一下当地的背景资料、故事和景点的由来，我觉得这样带着一定目的性的旅行比较好，比到了地方拍个照就走有意义。

史良洁：接下来的旅行计划是？

李樱樱：目前旅行目的地名单上特别想去的还有一个地方：夏威夷。因为正在学尤克里里。而且要去就得去非常规的那些岛，在酒吧里看着当地人跳草裙舞、弹尤克里里。

比较近期的计划是10月会去一趟尼泊尔，本来前年就已经在计划，结果一直纠结纠结，地震前6月又想去，被告知那时候是雨季，就又拖着了。到现在，虽然有很多建筑在地震中毁坏了，但我还是想去看看，领略那种残缺的美也是一种别样的体验。

史良洁：如果你再重新选择一次，还会再选择做导游吗？

李樱樱：要是我能跟刚毕业的我对话，我肯定会说，你赶紧去做老师，那么多年沉淀下来了多好，每年还有寒暑假期。但是我再想想我自己，我还是不后悔这段经历，因为有失就有得，只有经历过了才知道值不值得。

而且年轻就这一回，就算要后悔也得经历过有了值得后悔的东西啊。要不回首往事，平淡如水，完全没有什么波澜，多没意思啊！

无论是做导游，还是去支教、做公益，李樱樱似乎都是“从直觉出发”：因为喜爱，所以去做，别的什么都不多想。正如她说的，“做导游时我也从来没想过要多积累点客户资源，以后自己可以出来做旅游”。可能，这就是她射手座简单、直接的天性吧。

但，她却在这些凭直觉做的事之间，找到真正的自己。那年，她刚刚走出校园，爱玩、爱新鲜的生活，穿梭在各大景点之间，走遍了中国的大部分土地；而后，她摇身一变，投入公益事业的怀抱，将自己那些年东奔西跑的热忱用来做她认为“更有意义的事业”。

现在的她，活得那样真实而鲜活，她说那些年的带团经历教会了她许多许多，但笔者想，是她的爽朗与乐观，才成就了今天的她吧。

“

2008年，我刚刚大学毕业踏入这个行业，深圳旅游业在当时几乎进入“寒冬”，上岗工作的机会也近乎为零。直到一个月后的6月21日，我终于迎来了导游生涯中的第一个团队——“佛山南国桃园、南海影视城一日游”。当时内心是又激动又紧张的，我在团队出发的前一夜，几乎未眠，半睡半醒间，准备已久的讲解词，在脑海里像过电影般，一幕接一幕地浮现。

”

王 佳

——她从磨砺中脱茧成蝶，像是天边冉冉升起的新星

王佳	1989 年出生
深圳招商国际旅游有限公司导游，2012 年获得第二届全国导游大赛中文组一等奖。 做导游时间：2008 年—2012 年	
采访地点：深圳市罗湖区深南东路金丰城大厦 B 座 26 楼深圳招商国旅导服部会议室	

访谈录

王佳是2012年第二届全国导游大赛中文组一等奖获得者，是深圳旅游新时代的骄傲，用一些业内人士的评价：王佳是深圳旅游界向国家交出的一份满意答卷。评价不可谓不高！作为旅游业始终走在全国前列的深圳，诞生一位全国导游大赛一等奖获得者，是众望所归。

电话联系上王佳，听着电话里王佳的声音，有着超越年龄的成熟，或许是因为经过了全国导游大赛的严格培训，王佳话语中的用词很理性，态度亦十分谦逊。

你或许很难想象，眼前这个漂亮、稳重，已成为导游届代表人物的85后女孩，也曾经历过对这份职业怀疑、彷徨的年月。

那年，她19岁，刚走出大学校园，带着梦想与憧憬步入注册导游证的公司，青涩而懵懂。那年的她，当然不会知道，四年后的自己会站在深圳市、广东省乃至全国的导游大赛舞台上，成为一颗行业内耀眼的新星；曾经的她，天真地认为，做导游能够一边工作一边玩，多好啊，然而，年轻的她又哪会想到，之后会经历种种的困难与挫折；而她，却也在一次次的磨砺中，脱茧成蝶，成为了今天的王佳。

史良洁：还记得您带的第一个旅游团吗？

王佳：记得，而且印象很深。那是2008年，我刚刚大学毕业踏入这个行业，因为5月12日的汶川地震，加上5月的深圳暴雨不断，深圳旅游业在当时几乎进入“寒冬”；没有省内游和本地游的团队，对于刚刚入行的我来说，上岗工作的机会也近乎为零。直到一个月后的6月21日，我终于迎来了导游生涯中的第一个团队——“佛山南国桃园、南海影视城一日游”。当时内心是又激动又紧张的，我在团队出发的前一夜，几乎未眠，半睡半醒间，准备已久的讲解词，在脑海里像过电影般，一幕接一幕地浮现。

那日，虽然天气炎热，但游客们的热情不减，我也很用心，导览相结合，使得一日游行程顺利结束，安全将客人送回指定地点的同时也得到了客人们的充分肯定。那次我连着带了两个一天团，一共拿到了300元带团补助，虽然钱不多，但迈出了职业生涯的第一步，加上客人对我的肯定，使得我在后来的日子里信心满满。

史良洁：为什么会选择成为一名导游？

王佳：我是在海南读的大学，学的是旅游英语专业。大二那年，我在深圳市考取全国导游资格证，并注册申请导游证IC卡，毕业后回到深圳，自然而然又步调有序地进入了注册导游证的公司，参加岗前培训，进行实地踩线等等，成为一名全职导游员。

当然在正式踏入这行之前，我对导游这个职业的理解也是如外界看到的那样，觉得工作就是出去玩，多好啊。

史良洁：那真正成为了一名导游之后呢？

王佳：我在自己以前写的一篇文章里写到过，2008年5月我回到深圳，对这份工作抱着无限憧憬；但是做过了，才知道导游是份多辛苦的职业：每天起早贪黑，要按计划要求，安排好客人行程内的食、住、行、游、购、娱；要沟通连接上下站、各部门；要协调解决每一环节出现的问题；还要打起精神，面对随时可能出现的突发状况等等。在带团过程中，对导游人员的脑力、体力都有很高的要求，但我们的收入却远远达不到外界认知的程度。

史良洁：在做导游初期，遇到过哪些困难？

王佳：前面说到了当时的带团补贴真的挺低的，加上资历浅，在旅行社的认知度也不高，初期上团的机会很少。到2008年7月底，我都在不停的送机、接机中度过。那时候，我经常开玩笑地说，“我不是在机场，就是在去机场的路上”。偶尔接到省内游或者深圳一日游的团队，嘴上虽然不说，心里都像是乐开了花似的。

渐渐地，一切也都好起来了——第一次，有旅行社点名，指定要求委派我去带团；第一次，收到客人的表扬信；第一次，带团走出广东省……

史良洁：真正开始带团了，肯定也遇到了不少挑战吧？

王佳：其实最开始进入这行的时候，我是做好了充分的心理准备的。但在经历过漫长的无团期，以及正式开始带团后，我发现这和自己预期想象完全不一样：作为导游，好像每天都有走不完的路、解决不完的问题，不仅要掌握专业知识、不断提升讲解和沟通技巧，还会遇到无数考验应急能力、协调能力的情况。

史良洁：做导游初期，有什么印象比较深刻的“棘手事件”吗？

王佳：2009 年 10 月 1 日，公司委派了一个“河源一日游”的团队，是龙岗一家大型工厂组织员工的集体出游，考虑到出游人数多，行程内景点安排多，又正值十一黄金周，预测高速肯定塞车很严重，所以旅行社定在早上 5 点钟集合出发。因为接团地点远，又是第一次去，我和司机师傅约定一起前往集合地的时间是凌晨 4 点，所以，其实 3 点钟我就得起床了。

果不其然，接团地点不易寻找且巷道极窄，工厂方负责人经验不足，员工涣散，整个集合过程既拖拉又混乱，导致六点钟左右才点齐人数出发。上了高速没多久，就开始塞车，一动不动。依照当时情况分析，中午之前根本无法抵达河源市区，眼看着一日游的行程就要受到影响，行程内的景点很可能完成不了的时候，我们几位导游立即与旅行社工作人员沟通，得到的答复是，必须按计划要求完成所有的景点参观。

这时候，一方面要安抚游客的情绪，另一方面又要联系地接导游，通知餐厅就餐时间有变，在不减少景点项目的前提下，本着合理利用时间的原则，调整景点游览顺序，以保障客人的游览时间。

河源一日游，包含万绿湖、天后宫、桂山、龙源温泉，还有一个土特产店，这样的行程安排，即便不赶在黄金周，即便不塞车，也很难赶在晚餐前完成。更令人头疼的是，团队计划内，仅含了午餐，关于晚餐的问题，在与旅行社再次沟通后，得到的答复是——客人自理。这样的结果使得一大部分客人出现不满情绪，一方面不满于工厂方的安排，另一方面也不满于旅行社的安排——他们辛苦工作一年，难得工厂组织出游，却连晚餐都不予安排，而他们只能将所有的矛头指向导游，抱怨、谩骂、指责；而当时我们的任何解释都是苍白无力的。

雪上加霜的是，旅游巴士的司机也因返程时间的拖后，旅行社不给餐补等而怨声载道……

好在，最后的行程，是安排大家泡温泉，享受过温泉之后，情绪激动的游客，心情也有所平复，返程路途又相对顺畅，情势渐渐好了起来。

而对于我们几位导游的工作能力，工厂方负责人还是给予了肯定，在意见单上最后一栏里，写上"希望明年再合作！"

送完客人，我看了下时间，已是凌晨12点半；待回到家中，洗漱完毕，躺在床上，已是两点有余，而这一天，我的收入，仅是200元人民币……

史良洁：那么辛苦，您还是坚持在一线做了四年，想过放弃吗？

王佳：是真的很辛苦！我的大学同学，他们毕业后进了酒店业、房地产业或者做其他行业的销售，比起他们，我这风吹日晒的工作环境要差很多；但他们大多都专注于自己工作的那一块，很少有机会看看外面的世界，而我作为一名导游员，因为工作的关系走过那么多地方，看了那么多人和事，使得我在看待问题、思考问题的方式方法上，都慢慢发生了变化。从最初觉得做导游很苦，每天都有走不完的路、解决不完的问题，到后来，我发现导游生活其实很有趣儿，每天遇到不同的人、经历不同的事儿——这样一来，我就拥有了与众不同的人生！

史良洁：有信念才能把事做好，2009 年到 2011 年之间，您一直是中港导服的“优秀导游员”“王牌导游”。

王佳：那是公司对我的认可，同时也是客人对我一次次地肯定累积起来的成绩（笑）。

史良洁：想必是您的细心、无微不至让参团客人一次次感怀在心，才有了这些成绩，跟我们分享些带团的故事。

王佳：2011 年 8 月，我带领团队一行 22 人前往西藏参观游览，该团选择的是搭乘青藏线铁路进藏。在火车上，就有位客人感到身体不适，我第一时间叫来列车医护人员对她进行诊治，此时诊测她的血氧含量还在正常范围内，但客人已经出现浑身乏力、头痛恶心的症状。我严格按照医护人员的指示对她进行照料，并与地接导游及时沟通，在列车到站后立刻将其送往医院进行救治，此时的客人已经出现轻微肺水肿的症状，医生说还好送医及时，如果稍有延误，导致情况恶化，就会有生命危险。在接受输氧用药和相关治疗后，客人的情况有了明显地好转，这时客人表示让我立即联系组团社帮助其改签返程机票，想尽快离开高原地区，但医生建议其应留院观察，待情况稳定后再搭乘飞机。我与客人的同事把情况如实告知她，她表示理解并同意留院。就这样，我与客人同事、地接导游等轮番在医院看护了病人一夜，待其身体条件允许乘机时才为她办理好机票改签手续，让她顺利平安回到了家。团队返程后，我收到客人字里行间满是真诚的感谢信，心里比抹了蜜还甜。

也是同一年，正值寒冬季节，我受公司委派带领一队由家长孩子组成的亲子团队，前往东北。因为孩子们打小就都是在南方长大，从未见过雪，所以飞机刚一落地，他们就已经抑制不住心中的喜悦与好奇。抵达的第二天，天空更是飘起了鹅毛大雪。

由于雪势较大，高速封路，交通受阻，以至于行程也受到了影响，不得不取消一些景点的参观游览，由我代表旅行社向随团的所有家长进行如实的说明。本以为他们会因此而感到遗憾不快，但出乎我的意料，这丝毫没有影响他们的心情。他们表示，选择冬天来东北旅游就是为了满足孩子们看雪、赏雪、玩雪的愿望，东北的天气也不是每天都会下雪，对一直生活在南方地区的孩子们来说能赶上如此令人震撼的下雪天，就已经是极大的幸运，所以他们对此表示非常的理解，并提出不想变更景点，想自由活动一天，带孩子们去切实地体验一次北方人的生活。我将客人的要求及时上报给组团社领导，经领导批准、全团客人签字同意后，地陪和我向他们交代一些注意事项并将标有酒店地址的卡片下发后，大家自由解散。

那天傍晚，我站在大堂等候归来的客人，可我所担心的事情还是发生了：这一天孩子们就像“脱缰的小马”，玩得十分开心，却忽略了他们此时正身处在数九严寒的东北，南方长大的孩子，体质本来就不太能适应北方的天气，他们只顾着打雪仗、搓雪球，不承想有位孩子的面部受冻。家长从没有这方面的经验，所以也没有特别地在意。我一看小孩子的脸色不对，就建议家长尽快带孩子去医院进行诊治，我也一并陪同前往，好在情况并不严重，医生开了一些治愈冻伤的药膏，按时涂抹即可。

还未等我们返回到酒店，我就接到另一位家长的电话，反映她们入住的房间暖气好像出了问题，因为她们的房间位置刚好是走廊尽头、靠外墙的的第一间，所以室内温度越来越冷，照这样下去根本无法过夜。得知该情况后，我马上联系酒店的工作人员，自己也立即赶到现场，经专业人员检测，她这间房的管道可能出现了堵塞，无法进行正常的水循环，维修检测还是需要一些时间的。为了不影响客人正常休息，我即刻联系酒店前台，请求更换房间，但却被告知今日客房已满。酒店承认责任在自身，表示可以就近在其他同等级别酒店中为客人开一间客房，但此时夜已深，这样一番折腾，肯定会影响客人的正常休息，况且还是一大一小。出于对身体、安全等各方面问题的综合考量，我提出请客人今晚先到我的房间内休息，换我出去另寻住处；安顿好客人后，我转身回到了出问题的那间客房，酒店的大堂经理十分不解，我对他说：“今晚我睡这里。”他很严肃地告诉我说没有暖气的话，过了十二点至天亮以前，尤其是凌晨三四点的时候，房间内的温度会降至与室外相同，极其寒冷，建议我还是选择出去住比较好。他的好意我心领了，可我还是回绝了他。因为我的团队、我的客人都入住在这个酒店内，我身为他们的全陪导游，身上肩负着照顾全团客人的责任，为防止团队临时出现紧急状况，而且团队里已经有一个小孩子得了冻伤，所以我不能离开。

于是，就在这样的寒冬腊月，室外的温度已然达到零下 30℃，我一个人裹了两床棉被熬过了一个既寒冷又漫长的夜晚。第二天，全团客人得知了这一消息，在我上车的那一刻，车厢内想起了温暖的掌声，这足以融化那一夜所有寒冷的掌声，我到现在仍记忆犹新……

史良洁：能够想客人所想，站在客人的角度考虑问题、处理问题，这也许就是您在之后能够获得那么多嘉奖、荣誉的前提条件吧。

王佳：我始终相信，人与人之间的真诚交往，是会换来真诚的。而在这一过程中，我所得到的种种肯定与成就感，更不断激励着我坚定地在这条职业道路上走下去，并勇于迎接更多的挑战。

史良洁：就是在这种动力之下，您在 2012 年决定参加全国导游大赛？

王佳：是的。2012 年是我从事导游工作的第四个年头，四年的历练，我认为需要一次比赛来检验自己的成长，我希望能够站在大赛的舞台上，挑战自我、突破自我，用行动为自己的青春书写下灿烂的一笔，让自己的梦想借此再一次扬帆起航！

史良洁：当时经过了哪些选拔赛？

王佳：选拔经历了很长的一段时间，我先后参加了深圳市初赛、广东省选拔赛，再进入全国决赛。

这一年，在公司领导的鼓励与支持下，我参加了“魅力深圳、快乐导游”深圳市导游员职业技能大赛——也就是深圳市初赛；一分耕耘一分收获，通过不断的学习、刻苦的训练以及比赛中优异的表现，我获得了“深圳市金牌导游员”称号，并很荣幸地被选为代表深圳市参加“广东省第二届全国导游大赛选拔赛”的选手之一。

而后，经过赛前集训，我不断向前辈、老师们汲取经验，改正不足。在随后省级选拔赛中，凭借自身稳定的发挥、出色的表现，从众多的优秀选手当中脱颖而出，获得了“2012 广东省十佳导游”称号，并入选为代表广东省参加“第二届全国导游大赛”的选手之一。

史良洁：由此您也走向了更大的全国性舞台，后来的比赛过程不轻松吧？

王佳：是的，但是可以去往全国大赛的舞台，去实现自己梦想，我内心的欢喜溢于言表。不过，那场比赛汇集的 101 名选手，是从全国 100 多万名导游员、讲解员中经过初赛、复赛，层层选拔出来的精英选手，所以在接到通知的那一刻，与其说是喜忧参半，不如说是压力与动力并存。

史良洁：从 2012 年 7 月深圳初赛到 12 月全国总决赛，历时半年，具体经历了哪些环节？

王佳：2012 年 8 月 9 日是“魅力深圳、快乐导游”深圳导游员技术大赛“十佳导游”颁奖；8 月 23 日、24 日，深圳市文体旅游局组织 11 名“十佳导游”在青青世界进行封闭培训；9 月初，我们到广州参加广东省第一次选拔赛；10 月 17 日，进行第二次广东省选拔赛；12 月开始最后阶段的集训。

我还记得是2012年12月10日接到广东省旅游局赴中山集训的通知，我整理好行装踏上了备战的征程。集训的日子是痛并快乐的，我们五名来自广州、深圳、珠海、佛山的选手团结一心、奋发图强！每天都在进步提高，从导游词调整到配合视频画面生动讲解、从知识问答的抽选答题到分析题目加深记忆、从情景挑错的案例分析到服务规范逐条研讨，每一个环节都没有忽视，就连30秒自我介绍那短短的几句话，也是几经修改。白天训练做题考试，晚上抽出时间练习才艺，这样的日程虽然节奏很紧凑，但是我们几位选手却感觉特别的充实。我们还劳逸结合，每天清晨，结伴跑步，一边跑一边讲解自己的导游词，跑累了就走一走，互相考试，考知识问答题里面比较难记、易混淆的习题，那时真的是一分一秒都不愿放过。

第二届全国导游大赛的承办地是在广东省珠海市的海泉湾，我们五个又是代表广东省参赛的选手，所以我们深知自己身上背负的责任与期望，巨大的心理压力自不用多说。

培训期间，我们几位选手的身体都在不同程度上，出现不适。因为练习得多，喉咙沙哑都已经算不上是毛病了。记得有一天我的脸色苍白、头痛欲裂、浑身乏力，但也只能赶紧吃点药，避免症状恶化。

正式比赛是从12月25日开始，比赛的第二天，当前面四位选手都以出色的发挥完成了他们第一环节的精彩展示过后，只剩我一人等待着上场接受考验，我用坚定的信念告诉自己——“我可以！加油！”当听到赛事组的志愿者喊我的号码，让我进去候场，我拥抱了一下我们的教练员，就进场了，那一刻，我真正明白了拥抱的意义。

当我完成了景点讲解的比赛后，出到场外，看见领队、教练、战友们，还有专程从深圳赶到珠海现场观看我比赛的深圳市文体旅游局的领导、深圳市旅游协会的领导，那一刻我觉得分数是多少已经不重要了——

他们为了不影响我参赛、不让我分心，所以一直都没有告诉我他们会来现场为我加油打气。看到他们的那一刻，真的有如见到亲人般温暖。

当晚，紧张的情景挑错环节比赛开始在即，领队、教练们像送自己的孩子进考场一样，把我们送到安检口，然后在门外焦急地等待着我们交卷出场。倒计时的钟声敲响，我们走出赛场的那一刻，看见“家长”们的身影，内心百感交集。

12 月 27 日的清晨五点钟，我就已经醒来，翻来覆去地睡不着觉，期盼着太阳早点升起，这样就可以看到公布出来的分数了。因为当天要比才艺，所以号码靠前的选手都在准备，我和另外一位下午参赛的选手早早地去到公布情景挑错分数的现场。就是这一环节的优异表现，奠定了我们争夺奖项的可能。而我，更是在此环节得到了中文组的最高分。

能取得这样好的成绩，离不开赛前的培训，更离不开多年的一线带团经历。最终，我以娴熟的讲解技艺、丰富的专业知识、落落大方的仪态、多才多艺的表演，最终赢得了“第二届全国导游大赛”中文组第一名。

史良洁：总决赛主要有哪些环节呢？

王佳：主要有 30 秒钟视频介绍、30 秒钟自我介绍、讲解、知识问答、情景挑错（有关导游规范的内容，让选手从短片中挑选出不适合的场景）、才艺展示等六个环节。

史良洁：当时你讲解的是哪个景点？

王佳：广东的开平碉楼。

史良洁：能赢得这份荣誉真的很不容易，总决赛全国一共有多少选手？

王佳：101 个。

史良洁：好运总是接踵而来的，得到这个大赛第一名后，又得到了不少荣誉吧？

王佳：接下来，让我感到更加荣幸的是，我先后被全国妇联、广东

访谈录

上图：2012 年王佳参加第二届全国导游大赛获奖后与国家旅游局副局长杜江合影

下图：王佳参加导游大赛现场

省妇联授予“巾帼建功标兵”称号、广东省人力资源和社会保障厅授予“广东省技术能手”荣誉称号、被共青团中央与国家人力资源和社会保障部授予“全国青年岗位能手”荣誉称号等等，收获了多项荣誉。最值得一提的是，我光荣地被提拔为全国导游人员资格考试口试的考评员……这些，绝对是多年前，还是大二学生的我，在拿到导游资格证的那天，想不到、也不敢想的事。

史良洁：从初出茅庐的“小毛孩”，到四年后大赛中的第一名，回顾这一路走来，有什么感触吗？

王佳：从最初的向往，到毕业后的义无反顾，再到实战中摔打过后的坚定，我为自己当初的决定而感到骄傲、自豪！我眼中的导游，是快乐的传播者，是爱心的传递者，同时也是知识的传送者。

史良洁：带着这些荣誉，为什么又决定离开一线，开始从事导服工作？

王佳：2012 年参赛前后，我开始思考除了冲在第一线服务客人，是否能够更多地服务导游同行；加之大赛后，在一定程度上我代表了导游的形象，也就使我更迫切地希望能够更具体地服务于这个行业。此外，在做导游的四年里，我的职业病“慢性咽炎”越来越严重，这也是促使我减少带团频次的一个重要原因吧。

但直到现在，我还是会带一些团，并没有完全离开一线；偶尔带带团，对于办公室里工作繁忙的我来说，也算是一种调剂和放松了。

史良洁：这些年应该走过不少地方了吧？

王佳：嗯，我的足迹基本遍布全中国了。

史良洁：走过那么多地方，最喜欢哪里？

王佳：自然风景的美丽壮观会让我格外沉醉。在我去过的地方里，我喜欢幅员辽阔、自然生态极佳的澳洲，也为北非的突尼斯和摩洛哥的美好所吸引。

但在我还没有走过那么多地方前，有一个地方是让我格外震撼的——汶川。我是2008年毕业开始做导游的，刚好是5月，汶川大地震后。虽然那时我还没有带团收入，但我还是希望尽己所能做点什么，于是捐了款，并与同事结伴去血站献血，即便这样，我也曾为自己不能身赴灾区而倍感遗憾。2011年的春天，我全陪带领一教师团队前往汶川县城南部的映秀镇，去看望重建后的汶川七一映秀中学（原映秀镇漩口中学）。当看到崭新的教学楼、宽阔的大操场时，难以想象这里曾经经历过一场大自然带来的灾难。当我听着当地老师讲述着他在地震时的经历，描述着地震过后他望着那满眼废墟时的心情，还有携手重建时大家心中燃起的希望，结合着一张张珍贵的图片，我的内心久久不能平静，脑海中生成一幅幅画面，每一幅都深深地刻在我的心里。这段旅程，是我导游生涯里难以忘怀的一段回忆。

史良洁：您假期还会自己出去旅游吗？还有哪些想去的地方？

王佳：带团出游是工作，工作时，重心不在观景。有那么多的美景等着我和家人、朋友在假期里一起去欣赏。对于没去过的地方，我总是抱持着极大的好奇心的，像是欧洲、美洲，我都很想去看看。

史良洁：会有导游的“职业病”吗？比方说在自己的出行前，提早了解当地的历史文化、背景资料等等？

王佳：私人旅行于我而言，更多是为了全身心的放松，完完全全地抛开在城市里紧绷的状态，加上我对自然景观的偏爱、对“不期而遇”的期待，所以很少会提前查攻略。我更喜欢那种，与美景相遇之后对心灵最直接的震撼，而后，我可能会自然而然地去深入地了解这个地点、这个地方。

史良洁：从最开始做导游直到今天，您的职业经历会让您看待事情的角度或者想法产生一些变化吗？

王佳：会的。我觉得，走的地方多了，看过许多震撼人心的风景之后，会有一种我们对于这个世界来说那么渺小的感悟，于是觉得，生活中那些不如意、磕磕绊绊，好像也就无所谓了。

史良洁：作为导游中的代表人物，您觉得一位好的导游应该是怎样的？

王佳：我想，一名好的导游必定是对自己非常苛刻的，因为需要很多的积累，包括方方面面的专业知识，要是位“杂家”，更要耐心、细心，遇到问题还要能够保持冷静与果断。我的带团理念一直是：把专业的导游形象展现给客人，用乐观的精神感染客人，把快乐的体验带给客人。

今天历经磨砺、成熟冷静的王佳早已不是当年那个带着导游梦开始第一次讲解的19岁小姑娘，她也不再是一名专职导游，转而开始了为更多导游同行服务的工作。

但她称这是她将一直坚持下去的事业，自2012年获得第二届全国导游大赛中文组一等奖后，旅游事业于她，更多了一份责任——她虽只是千千万万从业者中的一员，却也希望尽自己的努力让这个行业更好、更完善、更长远地发展。因此，无论是过去还是现在，她在每次带团前都做足功课，一个个excel表格记录了她的一丝不苟。每次出团前建起的微信群，更是她花费时间、精力与客人沟通、互动的纽带。

在第二次采访前，她刚陪同了新疆旅游局的领导参加在港澳举办的“美丽中国——2016内地旅游（港澳）嘉年华”活动。过程的辛苦让她多年的咽炎发作，导致扁桃体严重发炎。她承认做导游很苦，但她也对这些年的“甜”念念不忘；她希望人们更多地看到导游光鲜背后，那些深夜里才容许他们感伤、委屈的片刻，希望通过她的故事与分享，人们走近导游这个群体，哪怕仅仅一小步。

“

目前深圳拥有 10 家导服公司，近 9000 名挂靠导游。他们既服务于自己所属的旅行社，同时又相对独立。他们接纳社会导游人员挂靠管理，也不断架起与各旅行社的桥梁，培养和输送优秀导游员。

”

百事得导服公司

——聚万颗心，造一个家

何 涛	1971 年出生
深圳市百事得导游服务公司负责人 深圳市导游协会秘书长 做导游时间：2002 年至今	
采访地点：深圳市福田区香蜜湖 1979 创意园区漫咖啡	

20世纪80年代末、90年代初以来，导游群体就像是一个矛盾的存在。在游客看来，导游的职业似乎很光鲜，尤其是带出境团的就像免费环游世界。而一般的游客并不知道，导游其实又是一直游离于旅行社之外的群体。他们没有编制、没有底薪、没有福利，长期以来，“旅行社不养导游”似乎成了一个行规，也是无奈之举。作为直接代表旅行社的导游，其素质和水平高低又直接影响游客对旅行社声誉的判断。而导游的工作时间长、生活和精神压力大，职称得不到社会和行业的正式承认，他们所付出的汗水，也许与他们的获得并不匹配。如何将散兵游勇般的导游聚集起来，给他们归属感，导游服务公司应运而生。

1995年，关远图创办了深圳第一家导服公司——中畅导游服务公司。经过20年的发展，目前深圳拥有10家导服公司，近9000名挂靠导游。他们既服务于自己所属的旅行社，同时又相对独立。他们接纳社会导游人员挂靠管理，也不断架起与各旅行社的桥梁，培养和输送优秀导游员。

为此，我们采访了深圳导服公司的代表企业——百事得导服公司。

史良洁：百事得导服公司最早是如何创办的？目前规模如何？

何涛：百事得，英文简称BEST，顾名思义当然是要做到最好。百事得导游服务公司，2002年11月成立之时，就是为了紧扣旅游行业脉搏，根据市场需要应运而生。那时，深圳人乃至广东人都以省内游为主，2010年之前国内游概念影响着深圳人，导服公司着力培养全陪和省内直踩导游。2010年至今，出境游呈井喷之势，百事得也把导游培训目标转向培养出境游领队，以市场为导向，培养适合市场需要的导游人才。

百事得公司自从成立以来，已有3832名社会导游人员挂靠管理，导游人才输出位居深圳前列，其中优秀导游员的数量也是领先行业，其中有11位高级导游员，116名中级导游员，3位全国优秀导游员，1位广东省金牌，多位深圳金牌和十佳导游以及多名小语种导游，作为行业翘楚而承担大量外宾或政府接待。

从深圳国旅新景界导游部发展而来的深圳市百事得导游服务公司，今天，它的定位和功能已不只是新景界旗下的导游服务公司，实际上已成为服务于深圳导游行业的一个基地。

史良洁：如此快速地培养人才，适应行业的变化之快，必定需要与众不同的理念吧？

何涛：百事得导服公司是从深圳国旅新景界的一个部门，转变成为面向深圳导游开放式培养的机构，这种转变是企业职责和社会职责的必然结果。

我们从企业自身导游人才需求的角度出发构建社会需求，同时通过导服公司的培训考核，对导游实行严格准入机制，制定考核标准及晋升机制，使百事得培养的导游不但在国旅内而且在行业内都赢得了口碑，而且我们的培训体系会根据旅游形势不断升级，一直走在行业前沿。

这种领先意识还表现在：当别人的满意度是80%时，我们要求达到十分满意；当别人提出十分满意，我们要求达到感动客人。“感动”两字足以表达对我们工作的认可。

2014年3月，万达旅业牵手深圳国旅新景界，将新景界由“服务型”企业发展为“服务+创意+互联网型”企业，重新定义旅行团概念，将“品质旅游”升级为“美好旅行”，将走马观花式的观光型旅行团发展为有个性化主题化的深度旅行团，让顾客享受不一样的参团旅行体验。除了这些不断提升高度的硬件，经验丰富的优秀导游和领队队伍就是不断提升竞争力的软件，而我们百事得就是使这些硬件软件完美结合的熔炉。

史良洁：我是否可以这样理解，社会导游在百事得经过培训后，最后会优先服务于深圳国旅新景界，从这方面来说，从中选拔优秀的导游，

访谈录

何涛带领导游在清远阳山幸福小学探访留守儿童

也成为你们的目标之一吧？

何涛：这么说吧，深圳国旅游新景界是一个大平台，而百事得是一个如同黄埔军校一样培养导游领队的培训基地。即使是一些新入行业的导游，经过几年的磨炼，如果最后选择成为销售、操作、或者票务、航空等，也是在行业内发光发热，同样是行业内所需的出色人才。同时也因为我们在培训以及实际带团中一直传达一种大家庭互助互爱的归宿感理念，很多人可能转岗离开了导游岗位，但一般不愿意离开公司。而其他很多慕名而来的社会导游，也因为喜欢这里的学习工作环境而留下来。

我对导游们的要求十分严格，要求他们考中级导游、高级导游来不断地提升自己，而这种不断完善的自我学习态度是作为导游永远不能放弃的要求，这也是我对导游们的期望。令我感到欣慰的是，如今拥有中级和高级导游人数最多的就是百事得公司。

作为导服公司，百事得当然希望能将深圳最优秀的导游纳入旗下为其所用，这是一种求贤若渴的期待。但大多数时候还是要自己精心培养，不能指望信手就能拈来一个好导游。

史良洁：您认为一名合格导游的标准是什么，他应该具备的最重要的素质是什么？百事得会通过哪些方法提高导游能力？

何涛：导游是百事得口碑的创造者，也是百事得品牌价值的消费者。老导游有很多经验值得分享，我们的导服公司就是要给他们创造机会，培养和指导年轻一代导游，使他们承继老导游的经验，少走弯路。老导游在分享的过程中，展现自己的价值，并通过分享，实现自我巩固和提升。

百事得创办“周一培训”、“周二有约”模式，专门针对新晋导游。“周一培训”通过良性的强化培训使一批批导游在付出与收获中循环往复提升。“周二有约”主要是邀请老导游对新导游进行专题线路经验分享。新导游通过跟团实操，以一对一的教学机会，从市内景区景点开始训练培训技巧，练好基本功，老导游通过师傅带徒弟的方式，体现了自己的价值和荣誉感，并不断总结和优化自身。

史良洁：这种模式更多的是在培育导游的共性上，随着旅游业的发展，游客的素质不断提高，对旅游带来的感受也越来越高，那么如何实现导游的个性培养？

何涛：最重要的是提供各种机会，使他们在练习中迅速成长，找到自己的优势。对于有语言优势口才好的导游，导服公司鼓励他们向出境领队或者直踩导游发展；对于形象好组织能力好的，则有意识向会议团发展，有摄影、化妆特长的，则专设针对性的礼仪、化妆等的专项培训。随着旅游文化的发展，团队的游客需要越来越个性化，会务主持、营销培训等出团形式已突破了传统意义上对导游的带团要求，导游的各项技能也使他们有更多的领域发挥。比如旅游推广会的组织，从策划、演绎、现场、主持等会务都要求导游向全面复合型人才方向发展。

史良洁：这些年，百事得培养了哪些优秀导游？

何涛：2012 年，深圳导游大赛的中文英文组冠军以及中文组季军都出自百事得。2014 年深圳导游大赛，包揽中英文双组冠、亚、季军！大赛 90% 个人奖项尽入囊中，我们还获得优秀组织奖等，深圳国旅新景界·百事得导游服务有限公司的英语导游员罗一凡入选全国百强。在百事得，自始至终，我都在强调学习能力，提升自我，每一个导游，必须具备能够并有意愿自我学习完善的心态，其实生活中也应如此。要对自己有更高的要求。

史良洁：早在 2002 年，深圳国旅新景界就提出品质游。

何涛：是的。有时我们行内人开玩笑说，我们自己用服务把游客们惯坏了。玩笑归玩笑，实际我们是在用行动证明，我们的服务要永远走在游客要求的前面。2002 年开始，当全国都在提特价游的时候，新景界就提出品质游了，把品质作为第一要求。即使是特价团，也要做出与众不同的品质。一旦出现投诉，立即由质检部门对投诉进行核实。

史良洁：游客对导游要求最高的是哪些方面？

何涛：主要是软件方面，即服务与讲解水平，这就印证了我们提倡品质游的重要性。尤其是提高讲解水平方面。我们按照分级别培训，逐步晋升的方式进行技术培训。导游要经历省内导、国内导、国际导几个阶段，国际导大多从东南亚开始，进而是日韩、欧美。通过长期积累经验的分享会，由有经验的老导游对各个国家的知识细节分享，涵盖历史文化地理人文风俗信仰，以及细节提示等等，进行层进式培训。当前，国际通可以说是导游群体里最稀缺的资源。

史良洁：目前深圳旅游市场在哪些国家的旅游线路实现了导游直踩。

何涛：从深圳出发的国际旅游团，三成左右团队覆盖了深圳导游直接全程跟团，其中欧美 3/4，澳洲 2/3，日本 1/3，泰国 4/5，保证了服务对接和质量。直踩可以使导游最快最好地掌控全程，避免服务脱节，同时也对导游提出了更高要求。由于国际游发展迅猛，目前，我们基本实现了泰国、日韩、澳洲以及欧美线路的直踩，这种模式优于领队+地接。

史良洁：直踩对导游的要求非常高，相当于全程管家兼向导的角色。愉快的旅行离不开一个高素质的导游，您如何理解“地接精、省内通、全国懂、世界通”的提法？

何涛：是的，相当于把一个团交到导游手里，责任重大。所以直踩导游都是百里挑一甚至千里挑一的。他们除了要具有语言优势，还要有很强的应变能力、讲解能力和接团能力，最重要的是身体过关。有的线路时差 8 小时以上，导游下飞机后根本没有机会倒时差，必须迅速为游客安排好一切事务，包括解决游客的临时突发情况，做到高度脑体结合。

我非常赞同这个提法，现在旅游趋势下，世界通显得尤为重要。深圳的导游队伍庞大，但优秀的导游领队仍然稀缺。

史良洁：面对互联网大潮下的旅游平台建设、层出不穷的达人带团，有怎样的应对措施？

何涛：自助、半自助或者通过网络实现旅游，可能是行业的趋势，但只是平台变了，旅行的方式没有变。我们的心态就是拥抱互联网并接纳和利用。我们要做的是互联网 + 导游。

达人带团有一定的市场需求，但与旅行社的模式不会产生太多冲突。未来，旅行社还是有不可替代性，从规模上来说，达人带团，还无法与传统旅行社相比。此外，旅行社最大的是价格优势，网络旅游缺乏售后服务和后台支持，最重要的是，对客人的保障。如果您从网上选个导游或达人，把吃、住、行都交给他，不如找一家口碑好的旅行社，通过签约，由旅行社推荐一个评价更高的导游，哪一个更放心？相信理性的消费者会做出判断。

史良洁：作为导游，每天的时间是怎么安排的，对家庭怎么平衡？

何涛：确实无法做到两全。我们有一个女领队，孩子还只有几岁，每次她回家陪孩子睡，第二天醒来都发现衣领被孩子死死攥着。她很好奇问为什么，女儿说：因为我怕我一睁眼，您又不见了。

尤其对于直踩领队，一次出门五天起，是最低标准，七八天不着家，甚至十几天不回也是常有的。

史良洁：您怎么看导游这个“职业”的管理规划？专职导游和社会导游是否都纳入管理体系？对规范导游市场是否有影响？

何涛：1999 年颁发的《中国职业分类大典》将导游作为一种职业列入商业与服务业中，2015 年又新增了旅游团队领队这个职业，每年

百事得导游培训班已形成了自己的特色，成为导游之家

都由国家旅游局组织初中高级考试提升导游职业素质，但是社保局一直都不认可导游的职称评定。从社会层面来说，导游作为一种职业还没有被社会全面认可。我们希望国家能进一步完善提升导游这个职业的管理规划，吸引更多的优秀人才加入这个行业。从公司层面来说，我们会根据公司的要求，以及导游的能力和时间等因素，设定专职、全职、兼职导游进行管理，这也是顺应目前导游市场的现状，同时我们也会引领行业先锋关注导游的福利，完善稳定导游队伍。

史良洁：怎样看待目前社会上普遍存在的认为导游队伍良莠不齐、对导游评价不高的现状？

何涛：因为当前旅游业发展迅速，使导游准入门槛比较低，目前导游的来源是 1/5 来自高校毕业生，其余来自社会人员凭兴趣通过考试加入这个行业。这也恰恰说明导服公司存在的意义，导服公司的作用就是利用这个公司平台把一个新导游从一张白纸培养成一名优秀的导游。

同时需要提出的是当前社会对旅游的热度和对导游的关注是极为不对等的。对导游的重视度不够，保障体系不健全，没有充分考虑这个群体的管理与发展，致使这一群体缺乏社会地位，缺乏社会认同感。这与当前中国旅游行业的发展是极不匹配的。一些媒体报道也不要放大负面的新闻，否认大多数导游的职业精神。行业内有很多闪亮点，也希望政府媒体多多报道宣传，导游这个职业需要认可，需要正能量。

史良洁：请说说金牌导游的模式。

何涛：金牌导游属于内部晋升机制。在百事得导游培训班，普通导游通过 3 个月至半年培训，考核合格，晋升至铜牌导游；铜牌导游带团后，在一年内学会直踩 6 条线路，满意度达 80% 以上，就有机会晋升至银牌导游；通过一年半至两年时间，有直踩两条精选线路分享，并且满意度达 95%，并拥有大专以上学历，考过中级导游，参加导游大赛或参加导游义工，就有机会晋升至金牌导游，通过公司的考察之后可以成为正式的合同员工专职导游。因此，从一名普通导游晋级成为金牌导游，至少要经过 3 年的磨砺。作为公司金牌导游或者专职导游，他们有责任与义务，例如分享线路讲课，带小组培训新导游等。

史良洁： 据了解，导游的收入构成大体上可以概括为“带团补助费 + 小费 + 购物回佣 + 行程外加景点”。这四项有三项不固定，带来了哪些不良后果？如何看到现在导游兼职代购的现象？

何涛： 目前导游职业的不确定性，加上导游队伍素质良莠不齐，导游与旅游社的关系多为劳务协议关系，导游归属感较弱。就像出问题最多的零团费旅游线路，不是导游层面所能解决的问题，但希望社会和媒体多报道正面的形象，一些导游的不当行为毕竟是少数。导游的收入现状，其收入与工作状态不匹配，导致有些人冒险从事代购。但这些都是个别现象，因此我们要加大力度培养金牌导游，提高保障和收入。

史良洁： 在 2016 全国旅游工作会议上，国家旅游局局长特别指出，导游方面的改革，最主要的是导游职业自由化。如果游客既可通过线上平台预约导游，也可线下自主联系，实现交易方式完全放开，是否会对传统旅行社和导服公司产生冲击？旅行社如何应对。

何涛： 这恰恰印证了导服公司存在的意义！一旦全面实施导游职业自由化，无论是线上管理还是线下管理，都需要有专业管理导游的导服公司来组织。对导游员来说，他们需要系统的培训以及带团的机会，无论是线上平台还是线下派团机制都需要有专业有经验的管理人员引导；而对于游客来说，有售后服务保障的线上平台或者线下平台，才是他们的明智之选。我们设想一下，让游客和导游自由交易，将来发生纠纷怎么办？我们作为专业的导服公司，会顺应国家旅游局的要求，利用互联网 + 的理念进一步完善实现导游职业自由化。

史良洁：您觉得导服公司发展，最理想的状态是什么？导游之家还是服务中心？您对百事得未来尤其是三年内有怎样的规划？

何涛：百事得是属于深圳国旅新景界具有独立操作的分公司、优先服务于新景界的导服公司。我们通过线下营造良好的氛围，增强凝聚力和归属感，通过岗前培训、分享会、团队拓展等模式，解决导游的实际需要。所以它首先是导游之家，然后是为社会提供优秀导游的服务中心。

未来的发展主要集中在三点：一是旅游的发展对导游综合素质提出了更高要求，特别是专业讲解的水平要提升。二是自由行市场作为旅游发展新方向，促使导游要具备更加灵活的操作性和个性化服务意识。三是互联网旅游的兴起使导游更加注重职业道德、素养、创新精神，包括导游品牌的创立，互联网品牌的打造。这三点落到实处，3 年内规划要完成全国性的导游综合信息平台搭建，这也是我们提前应对导游职业自由化的一种举措。

史良洁：这个平台的功能是什么？

何涛：平台的功能备有软件服务。主要是导游信息管理、服务提升培训以及导游互联网搭建。通过建立导游人才库，进行人才输出，从珠三角扩大至广东乃至全国。

性格开朗，一直热爱旅游的何涛早在 2001 年还在做幼师的时候就偷偷考了个导游证。那时的想法很简单，有了导游证可以寒暑假做个兼职，还能免费旅游。第一个暑假就挣了两千块钱，这可把何涛高兴坏了，她办理了停薪留职去带团。但这个举动很快被父亲知道，何涛挨了一通训。但这次父亲不但没能劝住她，反而让何涛下定决心干脆直接辞了职，成了一名真正的职业导游。回想当年，何涛一点不后悔当初的选择，因为导游带给她更多的是快乐。何涛不停地鼓动朋友们做导游，在她眼里，充满着对这个职业的热爱。她甚至现在就开始不断给还在上初中的儿子灌输导游的职业诱惑。她要求儿子年满十八岁就要立即去考驾照和导游证。

儿子起先并不以为然，说看着妈妈当导游太辛苦。有一次，何涛带了一个团在世界之窗，他的儿子刚好约了同学当天也去世界之窗。何涛像往常一样送走客人回到家，那天儿子对她说：妈妈，今天看见那么多游客围着您听您讲解，而您那么从容淡定，那一刻，我觉得您真的很伟大。

注　释：

1. 金牌导游：自2002年开始，深圳市定期举办导游员职业技能大赛，竞赛分中文导游专业组和英文导游专业组，获得中文组前六，英文组前五的导游将被组委会授予深圳市金牌导游员荣誉。并有资格参加广东省导游员职业技能大赛，成绩优异者成为广东省的金牌导游员。

2. 导游证：即导游员资格证书，是具备从事导游职业资格的证书，是表明具备导游职业的资格。证书是由国务院旅游行政部门颁发，即在参加导游人员资格考试并合格后，向旅游行政部门领取。考生向当地旅游局报名，考试时间由各省结合自身情况自定，考试一般在10月至12月间，2016年开始变更为11月5日全国统考。

附录 1

旅游改变生活，世界就在眼前

旅游主编亲历中国出境旅游十年变迁

2013 年 4 月 24 日，由中国旅游研究院发布的《中国出境旅游发展年度报告 2013》显示，2012 年中国出境旅游人次为 8300 余万。这一规模使中国已超过德国与美国，成为世界第一大出境旅游市场。

在过去的 10 年中，中国人出境旅游人次的年均增长速度高达 18%，而且旅行方式也在发生变化，从原来的走马观花到现在开始注重深度体验、休闲度假和探索探险。同时，中国游客的足迹遍布世界各个角落，从传统的新马泰，到热门的欧美地区，再到南北极等新兴热点区域。

2001 年我加入《深圳商报》，后成为旅游版主编。从那时开始，我有机会应各国旅游局和相关旅游机构的邀请，到访各地考察旅游。过去 10 年是我国旅游业发展的黄金时代，我有幸参与并见证了我国旅游业特别是出境游的蓬勃发展。最重要是，无论是游客还是业者，都应回归理性，真正体验旅游的本质和意义。

第一次出国旅行：出发前担心上当受骗

[1997 年 3 月，经国务院批复，国家旅游局、公安部联合发布了《中国公民自费出国旅游管理暂行办法》，并于 1997 年 7 月 1 日正式实施，这标志着我国正式开办中国公民自费出国旅游。]

上图：2003 年，在塞班岛体验 10000 英尺高空跳伞

下图：2004 年秋，在澳大利亚新南威尔士州参观考拉园

我的第一次出国旅行在 1998 年秋天，与朋友参加了深圳市口岸中旅的新加坡、马来西亚六天五晚旅行，费用为人民币 2000 多元。正巧，当时我哥哥所在单位安排他从深圳去新加坡开会，而他来回的飞机票就 5000 多元。父亲很担心：你们这次旅行要去两个国家、要走好几个城市、要去好几个景点，六天五晚的吃、住、行……一共仅仅花费 2000 多元？他难以置信，害怕我们上当受骗。当然，结果是美好的，我们顺利愉快地完成了那次旅程。

后来，我进入深圳商报社旅游专版，因工作原因，认识了深圳市口岸中旅副总经理黄文青，与他笑谈我的第一次出国旅行经历。这时候才知道，我第一次出国旅行的 1998 年，正是我国出境旅游开闸不久。

虽然现在我们提及旅游，理所当然觉得旅游就在身边，旅游就是我们生活的一部分。其实，从最初单一的入境游到国内旅游，再到出境旅游，三个市场蓬勃发展，我国的旅游行业经历了数十年的发展历程。而出境游的大发展更是近十多年的事。

在 1992 年底，我国仅与新加坡、马来西亚、泰国等少数几个国家签署了《旅游目的地国地位谅解备忘录》（以下简称《备忘录》）。国内游客要去这些国家旅游，必须通过旅行社组团前往。如果要前往没有签署《备忘录》的国家，就需要办理公务或商务签证。

1997 年 3 月，经国务院批复，国家旅游局、公安部联合发布了《中国公民自费出国旅游管理暂行办法》，并于 1997 年 7 月 1 日正式实施，这标志着我国正式开办中国公民自费出国旅游。我国的出境旅游一经开办，发展势头特别迅猛。当时国家旅游局允许全国 90 多家国际旅行社，可以组团出国旅游。有此契机，深圳众多旅行社积极开拓市场、占领市场，及时推出了一些特惠出国旅游产品。说来，我也算是深圳第一批“吃”到优惠出国游“螃蟹”的游客。黄文青告诉我，当里正常团费 5000 多元，旅行社通过利用护照换汇补贴后只收2000多元。

还记得2004年国庆节，我准备同几个朋友一同前往美国旅行。当时，我们都已去过亚洲几个主要国家，以及澳洲、欧洲、非洲等地，护照已经是使用第二本。于是，我们信心满满地到美国驻广州领事馆办签证。结果，完全没有想到的是，我们三个人都被拒签！

不过到了2011年1月，我们准备春节前往美国旅行，这次签证十分顺利。2012年国庆节，我70多岁的父母准备去美国旅行，签证也十分顺利。

我们的美国签证经历，其实与中美两国的旅游交往情况息息相关。2007年底，我国与美国签署了旅游《备忘录》后，双方的旅游交往才逐渐密切起来，签证也更加便利。

到2010年底，已被国务院批准的中国公民组团出境旅游目的地国家和地区已达140个，签署谅解备忘录并正式实施的国家和地区达110个。同时，也带动了我国与各国在经济、政治、文化等等多方面的国际协作。

第一次澳洲之旅：
体验绿色纯净之美

[1999年8月，澳大利亚、新西兰旅游业务开始在北京、上海和广东三地试办组团旅游业务；2004年7月，将组团范围扩展到天津、河北、山东、江苏、浙江和重庆等6省市；2006年8月1日，面对我国全面开放。]

2002年3月，我应邀作为深圳首批媒体记者之一，与深圳各大旅行社的澳洲旅游相关负责人，一同踏上了“100%纯净新西兰”。一进入那方国土，我们就爱上了那里的翠绿田园、皑皑雪峰。

当时，到访新西兰的游客主要来自澳大利亚、欧洲，中国内地游客相当少。我们到访各地，皆是唯一的中国旅游团。当时的导游是从中国移民到新西兰的北京人，他说新西兰的中国人少，时常感到很寂寞，笑侃道“想找齐四个中国人打麻将都很困难”。当地人似乎对我们也充满了好奇，特别是遇到当地的学生，都会友好地与我们聊天、合影。

随着系列电影《指环王》的全球热映，将新西兰的美景展现在世人眼前，使新西兰变成了世界旅游的焦点。而中新两国的旅游交往也日益密切，2012 年，赴新旅游的中国游客已达 20 万人次。今年 4 月，新西兰政府宣布从 5 月 1 日开始给予中国游客两年内可多次往返的签证待遇，并将有效期从 12 个月延长到 24 个月，签证办理时间不会超过 4 天。借此希望能吸引更多中国游客赴该国进行深度游。

初期内地游客主要是到澳大利亚东部旅游。2002 年 6 月，应澳大利亚南澳和西澳旅游局的邀请，中国旅游界第一批旅游考察团到达南澳和西澳，我有幸作为成员之一，第一次到达澳大利亚。后来，又分别于 2004 年和 2009 年，两次前往澳大利亚。第一次考察旅游回来后，当年 8 月，我将在南澳、西澳的旅游感受刊发在《深圳商报·旅游》版，其中《天鹅河畔的灯光之城西澳大利亚首府珀斯》一文，人民网、中国网、搜狐旅游等网站纷纷转载。这主要是因为，当时我们是首批到达南澳西澳的中国媒体，该文是较早宣传当地的文章。

澳大利亚的旅游推广是全球做得较好的，最早、最全面在中国做国家旅游形象宣传。2002 年春，澳大利亚的国家旅游形象彩色广告首先在广州、深圳的媒体推出。当时的深圳市旅游集团海外部作为澳大利亚国家旅游深圳地区的合作伙伴，率先在《深圳商报·旅游》版大篇幅连续刊出此形象广告，引起业界的广泛关注，带来轰动效应。同行纷纷效仿，

上图：2003 年 4 月，南非开普敦，同深圳市华侨城旅行社一行考察南非

下图：2005 年 11 月，广东媒体考察日本北海道

旅游形象广告逐渐过渡到使用彩色。而且，《深圳商报·旅游》版与当地旅游局和深圳旅行社密切合作，充分发挥媒体的媒介作用，关注旅游热点，推出系列澳大利亚旅游相关报道：2001年，第一次在旅游市场推出澳大利亚“郊游”概念，主要推广在悉尼附近进行郊游，这可以说是休闲旅游的启蒙；2003年“非典”之后，推出了“自驾游”，线路主要是悉尼到黄金海岸；2004年，推出“双城记”，开启了澳大利亚的“深度游”；2005年起，一个城市的“深度游”及“自由行”开始；2007年起，高尔夫旅游等“高端游”出现……

2004年秋，我的第二次澳大利亚之行，主要是去新南威尔士州的悉尼和卧龙岗等地，就是体验“双城记”；2009年，主要到访昆士兰州的黄金海岸、范思哲宫殿酒店、大堡礁等地，便是体验“深度游”“高端游”……这也正好体现了我国游客旅游观念的变化，从观光游到休闲游再到深度游的发展演变过程。

对澳大利亚印象最深刻的是其环保意识。在公路上，经常见到有袋鼠图案的指示牌，导游告诉我们，那是提醒司机，这里随时有袋鼠出现，请减速慢行。

国宝考拉是澳大利亚的至爱，憨态可掬的考拉的确惹人爱怜。当地媒体对我们的到访也很重视，在新南威尔士州参观考拉园时，当地媒体也来采访我们的感受。第二天，我抱着考拉亲密合影的照片，刊登在了当地报纸的头版，可能传递了我们共同想表达的心愿——友好。

而这份友好也在中澳两国之间不断延续着。2012年，我国已成为澳大利亚第二大国际游客来源国，达到63万人次。而2002年，中国到澳洲的旅游人数只有19万人次，10年增长了3.5倍。

第一次在国外度春节：
体验首次包机旅行

［随着人们对旅行产品要求的不断提高，“包机直飞”不再是新鲜事物，已经成为旅游时尚，而包机的航线也已经到达世界各地。］

2002 年 2 月 11 日，除夕，深圳康辉旅行社同南方航空合作，包机从深圳直飞马来西亚沙巴。我同深圳主要媒体的几位记者、深圳市旅游局相关负责人、深圳康辉旅行社负责人以及 100 多名游客，一同前往。这是深圳旅行社首次包机直飞沙巴，也是我首次体验包机旅行。当时的包机旅行还是新鲜事物，游客好奇，短短的 3 个多小时旅途，大家有说有笑，淡忘了这是热闹的春节佳日，我们远离家乡亲人。

在美丽的沙巴也感受到节日的温馨，沙巴接待方活动安排得周到而热情。一行人下榻莅临海边的酒店，处处充满着浓郁的热带风情和马来人的热情。

而现在，只要临近年底，各大旅行社便纷纷打出“包机牌”，呈现出出境包机“贺岁档”的状况。中国游客出境游，讲究“多快好省”。能在一座城市仔细研究慢慢品味，而且包机直飞节约旅途时间，既省钱又省力，何乐而不为。

目前，各旅行社推出的包机产品在目的地选择上和品质上都有所提高。注重兼顾春节出游的特点，针对家庭旅游度假、亲密爱人浪漫温馨等不同类型的客人，提供出多样化的产品。如推出“夏威夷一地包机”系列产品、“全公务舱尊享系列”、“美国关岛的半自由行”等等出境游特色产品，而“巴厘岛”和“冲绳岛”等包机产品也是热门。

第一次欧洲旅行：
为欧陆文明震撼

[2003 年中国与欧洲 12 国签署《旅游谅解备忘录》：次年 2 月 12 日，我国与欧盟正式签署了《备忘录》，参与签署协议的包括除英国以外的欧盟 24 国和冰岛、挪威、瑞士、罗马尼亚、列支敦士登等 29 个欧洲国家，2005 年 1 月 21 日，我国与英国正式签署了《备忘录》。至此，欧盟整体 25 个国家已经全部成为中国公民出国旅游目的地。截至 2010 年底，共有 37 个欧洲国家对中国公民开放旅游签证。]

2002 年 9 月底至 10 月中旬，我第一次到访欧洲各国，在半个多月的游历中，从白金汉宫、凡尔赛宫、罗马古城、米开朗基罗广场、金色音乐大厅到泰晤士河、塞纳河、多瑙河、琉森湖泊，以及哥特式建筑、巴洛克式园林……这一个个经典，让我们每一个人都完完全全陶醉在那片神奇的欧洲大陆上。

但是当时，我国与欧洲各国还未签署旅游《备忘录》，我是通过商务签证到达欧洲的，费用较现在高出许多，到欧洲旅游的中国人也相对较少。记得当时在许多地方，与当地人聊天，他们问询我们是哪里人时，首先会问"您是日本人吗？"然后会问"韩国人？""香港人？""（中国）台湾人？"没有一个会问"您来自中国内地吗？"的确，我国与欧洲各国的旅游《备忘录》签署，经历了较漫长的过程。而今天，中国人的足迹已经遍布了欧洲各个国家。

随着开放的步伐，欧洲各国也纷纷邀请媒体及旅行社有关人员前往旅游考察。2003 年 11 月，作为首批媒体记者，我们一行 7 人到访了有着"千湖之国"称号的北欧国家——芬兰。

2003 年圣诞节前夕，应芬兰国家旅游局的邀请到访圣诞老人村，与当地学生在北极圈线附近合影。当年，到访芬兰的中国游客 4 万人次左右，以港台地区为主

那是一个童话般的王国。厚厚的白雪重围之下，我们置身于森林酒店中，仿佛周围没有人烟，只有我们 7 人，我们开玩笑自比就像童话中的“七个小矮人”。当我们进入北极圈，来到圣诞老人村，与圣诞老人合影时，又感受到无比的温馨与美好。不但可以得到一张跨越北极圈的证书，还可以将充满童话色彩的邮票、贺卡从这里寄出，而且会特别盖上北极圈圣诞老人村邮局的邮戳！近 10 年了，还记得回国后看见收到贺卡的孩子们兴奋的笑脸和羡慕的表情：“真的有圣诞老人？您与圣诞老人合影了？太神奇了！”真切体验到，旅途的确能让生活充满美好。

随着中国游客的日益增多，中国旅游业的迅速发展，已经引起欧洲各国的高度重视。英国、法国等多国旅游部门频频推出新政，通过简化签证流程、改进在华签证服务，以吸引更多的中国游客。2012 年，在全球范围内，英国共收到超过 30 万份中国公民递交的签证申请，其中，96% 申请签证的中国公民成功获签，签发的签证数量比 2009 年增加了 75%。

如今，在德国等欧洲国家的不少旅馆里都可以看到中国的电视台、读到中文报纸，房间会准备开水，前台也有中文注意事项。据德国联邦统计局统计，2011 年，德国接待中国过夜游客数量达 130 万，与 2001 年相比翻了一番。在欧洲许多著名景点有提供中文解说服务。而许多国家的一些纪念品店内不仅设有中文标识，而且售货员也会用中文与中国游客交流。

第一次邮轮旅行：
休闲旅游兴起

2002 年 11 月，深圳市旅游集团和著名的邮轮公司丽星邮轮“双子星”

合作，首次开通了从深圳蛇口到越南下龙湾的海上旅游航线。当时，丽星邮轮在中国内地寻找母港，深圳市也非常重视，想打造旅游邮轮母港，于是深圳市旅游集团首次引进这个高端邮轮休闲旅游产品，双方洽谈合作成功。但是，由于成本大、客源不足等因素，2003 年“非典”之后就停航了。当时，我有幸应邀随同首批游客、媒体记者、各大旅行社负责人等 1000 多人，乘坐“双子星”号邮轮，从蛇口出发，经过浩瀚南海，到达“水上桂林”之称的越南下龙湾。

当时的旅游体验充满了新奇之感。徜徉在蔚蓝的大海，蓝天白云相伴，绚丽的日出日落，翱翔的海鸟，翻飞追逐的鱼群……船上设有丰富的娱乐设施，有分别适合大人及小朋友的设施及活动，还提供国际级的服务。有充裕的观光时间、购物及饱尝地道美食，也有岸上休闲的旅游观光。整个行程悠闲舒适、逍遥自在。

邮轮旅游是一个全新的旅游概念，是一个高端旅游活动，也是家庭、情侣休闲度假和商务度假的新选择。20 世纪 60 年代，由于航空客运业的强力冲击，邮轮旅游从原来海上客运业淡季时的补充性业务，成长为规模庞大的现代专业旅游业务活动。经过 40 多年的发展，全球邮轮产业已经成为国际旅游业中的一项重要业务内容。

据统计，2001 年我国邮轮旅游消费者人数仅为 8325 人，到 2009 年，我国乘坐邮轮出境游人数大约在 38 万人次，虽然人数剧增，但是所占比例依然极小。

在休闲旅游趋势的引领下，近年来邮轮旅游等新兴旅游产业大量涌现，为旅游业注入新的活力。2006 年以来，歌诗达邮轮公司、皇家加勒比游轮公司、丽星邮轮公司相继在上海、天津等港口城市设立合资旅行社、办事处等机构，开展中国市场的邮轮运营业务。2006 年 7 月，我又随深圳康辉旅行社考察团一行，乘坐歌诗达邮轮，从上海到韩国济

2002 年 10 月在威尼斯

州岛、再到日本长崎，享受了蔚蓝的海上旅程。

在休闲游中，海岛游无疑也是很不错的目的地。近 10 年来，几乎每年我都会前往一个优美的海岛考察、度假。雪白的沙滩、碧蓝的海水、色彩斑斓的鱼儿、和煦的阳光、曼妙的椰林，还有如梦如幻的海滨酒店，这些海岛像风情万种的佳人，令人不禁感叹“天堂不过如此”。而海岛游中浮潜、潜水、钓鱼、冲浪、直升机、乘船出海、丛林探险、潜水艇、水上降落伞等各类水上活动，又让你迸发出魅力四射的活力。

随着人们出游频率的增加和出游经验的积累以及信息化的普及，自驾游、自助游、房车游等各种新兴的、休闲性质的出游方式层出不穷。这种随意、放松的旅游需求，是国民休闲意识的最佳体现。

作为一名旅游主编，10 年来我感触最深的是，我不能仅仅作为一个行者，而应该以媒体人的身份和视角，去看待眼前这个完全不同的世界，去经历更多的体验和心情。

2011 年 3 月 11 日，日本大地震，福岛核电站发生严重泄漏事故。之后，日本的入境旅游几乎完全瘫痪。日本国家旅游局及各地旅游机构，很快做出反应，制定了系列措施刺激旅游恢复。2011 年 5 月底及 6 月底，我应邀两次前往日本，是“3·11”大地震后，应邀作为第一批到访日本采访当地旅游的记者。这之前，曾于 2004 年、2005 年、2006 年三次应邀到日本旅游考察。

虽然大地震后到访日本的外国游客人数，远远没有达到往年的同期，但是恢复速度之快叫人不得不刮目相看。在东京我们采访了日本观光厅负责人，在北海道和九州岛分别采访了当地的旅游局官员。震后日本尽最大努力及时、准确地公开相关信息。在网站公开最新的辐射测量数据，加强对食品、饮用水的辐射值检查，信息数据都及时公开，为游客创造了一个安全安心的旅游环境，这对灾后旅游业的恢复有着重要意义。在九州，当地官员亲自陪同我们前往有关辐射监控中心，参观检测。

2003 年 3 月底，我随深圳市华侨城旅行社考察团前往南非。我们出发时“非典”刚刚开始，一行人从香港机场出发时，还特意戴上口罩留影，当时只为一笑而过。但是当 4 月初，我们准备从约翰内斯堡飞回香港时，得到的消息是联合国卫生组织正前往香港调查“非典”，所有到香港的国际航班待飞，不能确定何时返程，将我们安排在当地的五星级酒店等待。好在，多住了两天便启程了。

同年 10 月，又到了埃及和土耳其。同一年，我的足迹到达了非洲的最南端和最北端，体验到非洲古老文明，好望角的惊涛骇浪，精神领袖曼德拉进行的民主升华；我在土耳其慨叹东西方文明交汇点的博大精深，巴比伦、古埃及、拜占庭、古希腊、基督教、东正教、阿拉伯、波斯和奥斯曼等不同时期文明的历史遗迹，俯拾皆是，那片神奇土地上留下的深深印迹，令人叹为观止。

在新西兰这个宁静秀丽的国度，其极限运动与探险旅行却非常有名。1988 年，在风景如画的皇后镇，建立了全球第一座商业化的高空弹跳场——最早的蹦极运动，便发源于这里。当时我们的考察团 20 多人，我是唯一强烈要求参与蹦极运动的成员，但是，大家纷纷劝解我放弃这个大胆而危险的尝试。最后，我居然听从了他们的建议——放弃了！至今，我也后悔不已，没有在蹦极的发源地蹦极，留下了巨大的遗憾！

2006 年 7 月，乘坐哥斯达邮轮回程途中遭遇强台风，而恰好 7 月 10 日凌晨是世界杯法国与意大利决赛，虽然邮轮颠簸得厉害，而且风雨飘摇，但在摇晃的船舱内看电视直播，看见加时赛中齐达内头顶马特拉齐而被红牌直接罚下，黯然离场，成为旅途中难忘的插曲。

《深圳商报·旅游》版在这 10 年里，也因旅游市场、旅游产品的丰富多彩，而精彩纷呈，其影响力也日益广泛。版面从 10 年前的 2 个版发展到现在最多时达到 50 个版面，读者群日益壮大，品牌美誉度不断提高。

从 2006 年开始，由珠三角报业联盟、深圳报业集团主办，《深圳商报·旅游》版承办，并联合香港商报以及珠三角各地旅游局、景区和旅行社等，共同举办的“珠三角报业联盟旅游节暨商报温泉节”，至今已连续成功举办七届。参加企业对活动的影响力日益满意，活动品牌美誉度不断提高。

2010 年 10 月 22 日，在江西南昌举办的第十七届中国国际广告节上，《深圳商报》推选的“2009 珠三角报业联盟旅游节暨商报温泉节”广告策划作品，登上了中国广告业最高奖台，荣获“2010 中国媒介创新营销奖”铜奖，被评委称之为这个奖项中的“黑马”。

根据国际经验，通常一个国家的人均GDP达到1000美元时，国内旅游开始兴旺起来，并进入到一个快速发展的轨道；人均GDP超过2000美元时，休闲旅游需求急剧增长，形成对休闲旅游的多样化需求和多元化选择；当人均GDP达到3000美元时，将出现周边出国旅游的热潮；当人均GDP达到5000美元时，洲际旅游将有所加快。2010年，我国人均GDP约合4371美元，我国旅游行业已进入旅游消费升级阶段。

而在这10多年间，出境游已经由曾经的“奢侈品”发展成为很多中国人生活的一部分，而我也有幸成为中国出境旅游发展历程的见证者和亲历者。

在这10多年前，随着“看世界”的脚步越走越远，无论是在美国纽约第五大道或德国柏林勃兰登堡门前，还是在法国巴黎卢浮宫或澳大利亚悉尼歌剧院，都能见到黑头发、黄皮肤的中国同胞的身影，他们的足迹已遍及世界的各个角落。在一些热点旅游国家，中国已成为重要游客来源地。

中国旅游协会秘书长蒋齐康介绍，过去10年间，中国出境旅游平均年增长率超过20%。而随着国人越来越多地走出国门，中国游客在境外旅行的需求、方式及其国际形象都发生了不小的变化，进而牵动、影响着世界旅游业的走向。

一起出发去旅行吧，世界就在眼前。

（刊登于《深圳商报》2013年9月23日E08版，略有修改）

附录 2

中国旅游业大事记

1949 年

10 月 17 日，以接待海外华侨为主旨的厦门华侨服务社成立，这是新中国的第一家旅行社。继之，泉州、深圳、汕头、拱北、广州等地也成立了华侨服务社。

1954 年

4 月 15 日，北京、上海、西安、桂林等 14 个城市成立了中国国际旅行社，负责接待访华外宾，这是新中国经营国际旅游业务的第一家全国性旅行社。

1957 年

4 月 24 日，中国华侨旅行服务总社在北京成立，统一领导和协调全国华侨、港澳同胞探亲旅游接待服务。

1964 年

中国旅行游览事业管理局成立，是国务院管理全国国际、国内旅游事业的职能部门。以“扩大对外政治影响”、“为国家吸取自由外汇”为方针，中国旅游事业开始发展。

1965 年

全国接待外国旅游者达 12877 人次，创历史最高纪录。

1974 年

“华侨旅行服务社总社”保留，同时加用“中国旅行社总社”名称。

1978 年

来华旅游入境人数 180.9 万人次，位居世界第 48 位，其中外国人 23 万人次；旅游创汇 2.63 亿美元，位居世界第 41 位。

1978 年 10 月至 1979 年 7 月，邓小平 5 次专门讲话，要求尽快发展旅游业。他提出“旅游事业大有文章可做，要突出地搞，加快地搞”；“搞旅游要把旅馆盖起来。下决心要快，第一批可以找侨资、外资，然后自己发展”。

10 月，江苏省旅游学校、北京旅游学院、湖北旅游学校、四川旅游学校成为我国第一批旅游中等职业学校。

1979 年

中国第一所旅游高等学校——上海旅游高等专科学校成立，标志着我国旅游高等教育的开端。

中国旅行游览事业管理总局在北京第二外国语学院举办了第一期旅游翻译导游培训班。

11 月 16 日，全国青联旅游部成立。

1980 年

中国旅行游览事业管理总局先后投资，与 8 所高等院校联合开办了旅游系和旅游专业。

西藏正式开通旅游。

6 月 27 日，中国青年旅行社成立。

1982 年

8 月，中国旅行游览事业管理总局更名为国家旅游局。

1985 年

1 月 31 日，国务院批准国家旅游局《关于当前旅游体制改革几个问题的报告》，提出了旅游管理体制实行“政企分开，统一领导，分级管理，分散经营，统一对外”的原则，向各省、自治区、直辖市下放外联权的签证通知权。

确定选用“马踏飞燕”作为中国旅游业的图形标志。

5 月 11 日，国务院颁布《旅行社管理暂行条例》，是旅游产业第一部行政法规。

1986年

《中共中央关于制定国民经济和社会发展第七个五年计划的建议》中把旅游业列在第37章之内，这是旅游业第一次在国家计划中出现，旅游的产业地位首次得到了明确。

1月30日，中国的第一个旅游全行业组织——中国旅游协会正式成立。

国务院成立旅游协调小组，标志着我国旅游业进入了新的发展阶段。

1987年

11月14日，国务院批准发布了《导游人员管理暂行条例》，这是第二部旅游管理行政法规。

1989年

全国实行导游资格考试。

1990年

10月，中国公民自费赴新加坡、马来西亚和泰国等三国旅游率先开放。

1991年

国家旅游局建立了对旅行社进行年检年审的制度，准确把握旅行社行业发展情况。

1992年

《关于制定经济和社会发展"九五"计划和2010年远景目标纲要的建议》，旅游业被列为第三产业积极发展新兴产业序列的第一位。

"中国友好观光年"开启了全国"旅游主题年"的序幕，之后国家旅游局每年都确定一个主题，集中开展宣传促销和产品推广活动。

1993 年

对旅行社的审批规范化，在每年的年检年审之后，发布旅行社百强，表彰先进。

国务院决定国家旅游局为国务院直属机构。

1994 年

对国有企业进行了股份制试点；部分旅游企业集团获得了国有资产管理局授予的国有资产管理权。

导游人员的资格考试对社会开放。

1995 年

开始全国实行双休日制度。

1 月 1 日，实行旅行社质量保证金制度。

1996 年

实行导游等级制度。

首次推出中国度假休闲游。

1997 年

3 月，国务院批复了由国家旅游局和公安部联合上报的《中国公民自费出国旅游管理暂行办法》。

按照《旅行社管理条例》，对全国的旅行社进行分类，即把原来的一、二、三旅行社转为国际和国内两大类旅行社。

1998 年

国家旅游局制定《中国优秀旅游城市》检查标准。

广东省旅游局组织的“广东人游广东”活动，激发了居民省内游的热潮。

国旅总社、国际饭店等国家旅游局直属企业与国家旅游局实施政企脱钩。

访谈录

1999 年

澳门回归使得赴澳门旅游成热潮。

5 月 1 日至 10 月 1 日，20 世纪末规模最大、为期最长的 1999 年世界园艺博览会在昆明举办。

5 月，北京市旅游局的直属企业分离出来组建首旅集团，带动了各地的体制变化，标志着旅游企业管理体制又进入了新的阶段。

2000 年

假日旅游启动，中国首度实行五一放假七天、十一、春节放假七天。

奥运会掀起了悉尼旅游热潮。

2001 年

我国公布旅游业加入世贸组织，承诺降低外方投资旅行社门槛。

2002 年

11 月 14 日，中国旅行社总社和欧洲旅游巨头德国 TUI 股份公司签署了合作意向书。

2003 年

旅游业经受住“非典”考验。

世界旅游组织大会首次在中国举行。世界旅游组织预计，到 2020 年，中国将成为世界第一大旅游目的地国和第四大客源输出国。

“非典”疫情在给旅游业重创的同时，十一带来了反弹。

2004 年

9 月，欧洲 29 国正式对中国公民开放旅游，欧洲游首发团启程。

全年入境旅游者首次突破 1 亿人次，达到 1.08 亿人次。

2005 年

7 月，国内第一家低成本航空公司——春秋航空首飞。廉价航空改变了国人出游方式。

2006 年

7 月 1 日，青藏铁路正式开通运营，“坐着火车游西藏”的“天路之旅”成为中国旅游业的一大亮点。

全国导游大会在京召开，11 名全国模范导游员和 291 名全国优秀导游员受到表彰。

2007 年

贯彻落实中办、国办发布的《2004—2010 年全国红色旅游发展纲要》，全国红色旅游工作协调小组成立，办公室设在国家旅游局。

香港回归十周年，各旅行社竞相推出香港体验游的产品及活动，香港游再度成为备受关注的焦点。

世界旅游组织第十七次大会通过决议，同意将中文列为世界旅游组织官方语言。

我国的旅游总收入突破 10000 亿，达到了 1.09 万亿元，成为具有重大转折意义的一年。

2008 年

7 月，大陆居民赴台旅游正式实施。

《国务院关于修改〈全国年节及纪念日放假办法〉的决定》和《职工带薪年休假条例》开始实施。

6 月 17 日起，中国公民可通过团队形式赴美旅游。我国公民赴美旅游首发团从北京、上海、庐江三地启程。

2008 年北京奥运会助推北京旅游热，也给整个中国提供了一个向世界展示自身旅游形象的绝佳机会。

2009 年

《国务院关于加快发展旅游业的意见》出台，提出要“把旅游业培育成为国民经济的战略性支柱产业和人民群众更加满意的现代服务业”两大战略目标。

成为中国首个“生态旅游年”。

《旅行社条例》和《旅行社条例实施细则》正式实施。

2010年

上海世博会和广州亚运会引领中国旅游业持续增长。

国务院颁布《关于推进海南国际旅游岛建设发展的若干意见》，海南国际旅游岛建设正式启动。

2011年

中国有了自己的旅游日。这一年的5月19日，是首个“中国旅游日”，来源于《徐霞客游记》的开篇日。

6月，贯穿北京南站和上海虹桥站的京沪高铁正式开通，高铁旅游由此兴起。

6月28日，大陆居民赴台湾个人旅游正式启动。

2012年

移动互联网受到追捧，旅游移动类APP成为行业新亮点。携程宣布投入5亿美元参与价格战。全球最大的旅游电商Priceline与中国最大旅游电商携程旅行网达成合作。

2013年

10月1日，我国首部旅游行业法律《旅游法》正式颁布实施，其中对于旅行社零负团费、强制购物等提出了规章制度，促使了旅游行业转型升级。

2014年

携程两亿美元入股同程，阿里巴巴打造旅游品牌“阿里旅行・去啊”。

美国对中国推出十年多次往返签证。

出境旅游人次首次突破1亿人次，达1.07亿人次。

2015 年

中国旅游产业对 GDP 综合贡献超 10% ，旅游就业人数占总就业人数 10%。

实施“一带一路”战略，举办丝绸之路旅游年。

“旅游 +”行动计划出台，培育经济发展新动能，充分发挥旅游业的综合拉动、融合作用，为相关产业和领域发展提供旅游平台。

5A 级景区打破终身制 激活旅游景区动态管理机制。

2016 年

英国对中国推出两年多次往返签证。

6 月 16 日，内地首家迪士尼乐园上海迪士尼正式开园。

8 月国家旅游局下发《关于深化导游体制改革加强导游队伍建设的意见》。

我国旅游业将继续保持快速发展，预计国内旅游 43.8 亿人次，增长 9.5%；旅游出入境 2.63 亿人次，增长 5%。旅游投资达到 1.2 万亿元，同比增长 20%。

11 月，第一次实行全国统一的导游人员资格考试。

后 记

2013 年 9 月底，我应深圳龙岗区文体旅游局的邀请，担任“2013 年旅游讲解员技能大赛”总决赛评委。当天，来自龙岗区各旅游社、景区等经过初赛胜出的 20 名选手，在布吉南岭村中丝园举行总决赛。现场经过讲解旅游景区景点、旅游知识问答、才艺表演等环节的激烈角逐，评选出了前三名，由组委会授予荣誉称号。据悉，前十名还给予入户积分等奖励。

做旅游主编多年，多次参与各种导游大赛活动。那次导游比赛时，恰逢《旅游法》即将于 2013 年 10 月 1 日正式出台，旅游界对《旅游法》的颁布反响热烈，感触颇深。比赛结束后，便萌发出书写那些优秀导游的想法。

于是，马上着手策划编辑方案、采访提纲，整理出按照 20 世纪 50—70 年代，80 年代，90 年代，00 年代的时间顺序，分为四大阶段，每一阶段筛选出几位具有代表性的导游，以面对面访谈的形式，纪实性地描述各位导游的精彩人生，从而折射出我国导游的众生态，展现我国旅游的发展历程。

2013 年 10 月 17 日，开始第一次采访。2014 年 5 月中旬，方案中的采访计划基本完成，陆续整理出了采访初稿。进程十分顺利，按照计划，2015 年可以印刷出版。但是，2014 年 5 月下旬，由于家事，我暂时停下了手里的所有工作。

直到 2016 年初，与老同事杨晓青（深圳报业集团《游遍天下》杂志前副主编）聊起导游采访录的相关事宜。晓青非常支持，认为这是一个很好的题材，鼓励出版。于是，晓青和西柚创意文化团队从补充采访、编撰、设计、拍摄到校对印刷，全程策划跟踪，提出了很多想法，也让本书最终得以在2017年5月付梓印刷。

迟来两年的访谈录，终于可以出版了。要感谢杨晓青及其团队的辛勤工作，让这部作品得以出版发行。要感谢每一位接受采访的导游，特别是柯子长、杨德祺、叶六妹、肖鑫茂几位老人，柯老83岁高龄，耳聪目明，记忆力惊人，当年与战友在敌后武工队的战斗细节依然记忆犹新。2016年5月进行补充采访，柯老已86岁高龄，几位老人身体依然硬朗。采访结束后，柯老和肖老说他们有车，大家以为是司机开车送二老。结果在停车场看到的是，70岁的肖老开车送86岁的柯老回家！祝福老人们！他们坚持不懈的精神激励着我。

采访中许多细节给我留下深刻印象。柯子长几位老人认为深圳不是小渔村！因为在1957年，深圳便是宝安县政府所在地，有2万多人，完全是边陲小镇，不是小渔村。他们当年做导游（接待员）时是国家干部身份，有统一的服装，统一穿西装打领带。西装由上海服装厂专人来深圳量身定制，大檐帽在香港定制。

在国内物资缺乏的年代，华侨们回国带很多东西。规定一人最多带30件衣服，多带的他们就穿在身上。最为夸张的是，有位女华侨穿了18条裤子在身上，带回来给国内的亲戚。

深圳市海外国际旅行有限公司董事总经理李木胜，从事旅游工作40年；国旅新景界副董事长吴斌，从事旅游工作快40年了，目前，他们依然还奔波在旅游考察途中。截稿时向他们要老照片，李木胜正在东欧考察、吴斌在前往日本的途中。深圳市宝安中旅投资有限公司原总经理黄文青，2008年检查出身患癌症，住院治疗半年，奇迹般好转，又回到公司积极投入工作。柯子长的女儿柯旦华，从1978年至今，依然还一直坚持在导游工作的岗位上，采访她时，刚从日本带旅行团回来。在旅游界，有许许多多夫妻、父母子女，共同从事着旅游行业的工作。

正如书中记录的，他们的岗位、职位在不停发生变化；他们一直奔波在不同的旅途上……但是，他们对旅游事业的热爱始终如一。

……

我有幸于2001年底加入《深圳商报·旅游》版，在工作中结识了大批优秀的旅游界人士，亦师亦友。有幸与他们一起参与到我国旅游发展大潮中，共同见证了中国旅游业的蓬勃发展。过去10多年，是我国旅游业发展的黄金年代。中国人出游人次年均增长速度快，旅行方式也发生着变化。从原来的走马观花，到现在开始注重深度体验、休闲度假和探索探险。同时，中国游客的足迹遍布世界各个角落，从传统的新马泰，到热门的欧美地区，再到南北极等新兴热点区域。

因能力、时间和篇幅有限，还有很多值得书写的人和事没有一一采写。只愿此书抛砖引玉，有其他人士采写出更全面更深入的相关报道。最重要的是，希望传递正能量，无论是游客还是业者，都应回归理性：真正去体验旅游的本质和意义。

感谢中国旅游协会原副会长、中国旅游景区协会原会长、深圳旅游协会会长、暨南大学深圳旅游学院院长刘平春先生，感谢广东省旅游产业研究院规划设计中心主任符文洋先生，百忙之中为该书写序。感谢深圳商报领导的全力支持，感谢深圳商报同事帮忙将这部作品初稿，申报立项“广东省宣传文化发展专项资金扶持文艺精品创作”。感谢家人的支持。

史良洁

2017年5月于深圳